不敗北的人生

常勝思考

Ryuho Okawa
大川隆法

台灣幸福科學出版有限公司

前言（改訂新版）

本書以平易近人的方式提示人生成功的方法。自一九八九年出版以來，引起了全日本讀者熱烈的回響，成為銷售超過二百萬冊的暢銷書，同時也受到政界人士和企業管理人士各界的青睞，是一直深受各個領域的領導者喜愛的一本書。本書還被翻譯成外文，吸引了大量的海外讀者。在此期間，我擔任總裁的「幸福科學」同時成長為日本最大的宗教團體，並且繼續往新的世界宗教成長茁壯。

然而，另一方面，現今的日本在政治和經濟上變得更加混亂，人

們似乎感到越來越不安。在這樣的時刻，我想宣揚本書「不敗北的人生」這樣的訊息，帶給人們勇氣和希望。

本書包含希望讀者成為優秀的領導者和引導者。換句話說，「常勝思考」（持續獲勝的思考）是一種從成功和失敗經驗中吸取教訓，成長為一個可以領導他人的方法論，從這個意義上說，它是一個結合了「光明思想」和「全天候型」兩種開拓命運的發展方法。

我在《佛陀的證明》（幸福科學出版發行）的「後記」中闡述了「世間解」這種覺悟的立場。從這個角度看這本書，所謂邪教和本會的區別自然就很明顯了。

幸福科學集團創立者兼總裁　大川隆法

一九九五年　九月

前言（舊版）

「常勝思考」是一種使人生獲得真正勝利的睿智思考方法。

我無意將成功理論撰寫成膚淺的通俗讀物。本書探究的是超越了性別、年齡和國籍的內容，任何人都能夠理解。透過熟讀此書，並將其道理運用於生活之中，一條人生的勝利大道必鮮明地在你面前開展出來。

人生有如開鑿穿山隧道的工程，途中會遇到滲水或頑石。然而，若具備了「常勝思考」之本領，便如同具有粉碎岩石的爆破力，具有

點石即穿的利鑽。

當品味出了本書的妙趣，並將其轉化為動力之時，你便可以昂揚地宣稱：在我的人生中，不再有敗北，只有常勝。

一九八九年　九月

幸福科學集團創立者兼總裁　大川隆法

目錄 Contents

第二章 反向思考的理論

第三章 人生與勝利

第四章

常勝思考的力量

第一章

常勝的原點

1 領導者必備的資質

人生在世，往往不自覺地追求著時代潮流。全世界六十幾億人口，每個人都在思考什麼是真正的生命價值？自己的前途在何方？這說明，人們需要能為自己指明方向和確認答案的領導者。

因此，想要成為一位優秀的領導者，就要具備能夠明確地為人們指明前途和方向的能力。

實際上，大多數的人並不一定瞭解應該如何善用自己的能力、時間和金錢。我認為，領導者要明確地指引即將到臨的未來，和每天必

須要做些什麼。成為這樣的領導者，是每個有覺悟之人的真實使命。

那麼，領導者所需要的條件究竟是什麼呢？那就是本書的主題。

首先，他必須具備先見之明，必須比他人更能洞燭機先。

在他人眼中，會認為有先見之明的人較清楚未來，通常是具有超群卓越的能力或者是一位偉人。周圍的人會覺得，此人睿智、有遠見，彷彿可以看得比他人遠，或者是具有預言者的資質而能先知先覺，於是便會被這不可思議的魅力所吸引，繼而追隨之。

所以領導者所具備的條件，首先是要有先見之明，但是，僅僅有先見之明還不夠。若有先見之明，卻只會對人說：「你繼續這樣做下去就會失敗。」像這樣只會列舉出失敗和不如意之人，即使一時成為了領導者，過不了多久，人們就會紛紛離他而去。

我所創立的「幸福科學」聚集了各方人士，其中的理由，或許是人們心中認為順應潮流必會有所受益，對此有著吉祥的預感吧！相反的，若是讓人感覺到船要翻了的話，我想，人們也就不會到此緣聚了。

因此，不僅要具有先見之明，我認為，領導者還需要有第二項特質，就是在他的身邊，或者在跟隨他的過程中，必須能夠使人有那種將會開創出未來的預感。

領導者所需的第三項條件，就是在他過去的人生歷程中，必須要曾有過使人信服的成績，但這成績指的未必是枚閃耀的勳章。無論他曾度過怎樣的人生，只有從曾經承受過磨難的足跡中，才有可能尋找出成為優秀領導者的資質。

我經常在想，歷史上的偉人們，其所擁有的共同點，首先在優渥環境下出生的人並不多，即使是在優渥的環境下出生的，也一定曾在人生中遇到過某種重大的挫折，或者遇到生命的轉折而陷入嚴峻的苦難。這些偉人大都出生在不優渥的環境中，經過一生的努力才成功。只有走過努力與奮戰，人們才能夠從其身上感覺到一種非凡的力量。

以上，列舉了領導者的三個條件，而新時代領導者不可欠缺的重要思考方法，即是以下要闡述的常勝思考。人生中儘管存在著大風大浪，但是，運用常勝思考終會使你從逆境中受益。

因此，我們可以這麼說，對於已掌握這種思考方法的人，危機和困難將不存在，接下來，生命只會有連續不斷的良機出現。

2 「反省」造就領導者

人們或許會認為，能夠順利地實現自己的願望，有開拓前程的意願就可以了。但實際上，正因為人生有各式各樣的難關，我們才有更多的學習機會。

譬如，以健康方面來講，有人向來健康而且精力充沛，這樣的人可能很少顧慮到有關健康的問題。但其實生病伴隨著各種意義在其中，若把健康的反面——疾病，看作是單純的不幸，也不正確，因為它並非那樣消極。

人為什麼會在某一個時期生病呢？人在生病之前，必會有疾病的潛伏期，就像助跑階段。在這個時期，身體的某個部位會疼痛，感到不適，導致不能像平時一樣工作。就某種意義上而言，這是身體在提醒：「你該休養了。」有一些人認為健康是理所當然的，若不生病就不知道休息的重要。

因此，為了保全人的壽命或天命，當健康亮起紅燈的時候，自然需要休養，壽命可能因此而得以延長。若忽略警訊會怎樣呢？不好好休養的話，便可能失去生命，而返回到靈界。因此，身體出現不適而休息，這就是被強制安排的休養期。

那麼，修養期的意義是什麼呢？當然，不僅僅是身體在休息。因為在這個期間內，會增加許多獨處的時間，人會開始內省，內省是指

「對內心反省」。人在外界的生活中，目光總是被各種現象所迷亂，使人很難接觸到自己的真心，很難去自省。

試看一下推銷員的工作就很容易明白。做推銷工作，在順利之時顧客盈門、生意興隆，此時，是否有充足的時間去考慮自己、照顧家庭和觀察他人的事呢？有這樣的餘力嗎？在這種情況下，大概心中想的都是如何更進一步開展局面吧！

最初，以本月要銷售十五部汽車為目標，等銷售目標完成後，便會想：「我成功了，對這個月的成績頗為滿意，下個月的目標可以訂為十八部。」

缺乏內省的人，通常會被這樣的結果所蒙蔽。這種人多半沒有考慮過，從他手上買這十五部汽車的人，是否真的因為有了車子而感到

滿足、幸福和愉快，是否符合了需要？一般來說，推銷員達成了目標後，缺乏內省的人就會陶醉於喜悅和滿足，對此以外的事情，及對他人的關心等，常會被完全疏忽掉。

在買賣成立後，有了好結果，如果同樣能夠讓對方感到滿意以及持續的喜悅，這樣才可以說自己做好了推銷工作。假如，不關心商品的後續服務，只在乎自己是否完成了銷售目標，看到結果就心滿意足，這樣的人是不會預先設想到是否有人買了東西後會後悔、氣憤或產生經濟上的困難。

有很多人在競爭激烈的社會裡日夜忙碌，卻未曾考慮過上述的問題，只是想努力達成自己的業績，說白了，這些人只是淪落為結果主義者。甚至這些人還沒有意識到自己虛假的人生態度，還自以為是高

人一等，正走向成功之路呢！這種人其實還真不少，如果他們又未遇到某種挫折的話，是不會懂得如何真正做人的。

大宇宙必然會為每個人安排反省的機會，當這個時刻來臨時，多半此人會轉入非常內向的心境。然而，對此人的靈魂來說，只有此時，才是真正重要的時期。

此刻，我們必須實際深入觀察自己的內心，不對真實的自己做探究的人，也就沒有資格成為真實意義上的領導者。

3 擴大人格的試煉

我將繼續用推銷當作例子。這位不關心他人、只追求數字的人，可能到後來成為業績第一的推銷員，得到了公司的賞識，被晉升為業務部的經理。可是，擔任業務部的經理之後，會發生什麼樣的變化呢？他會按照自己的所做所為來指揮別人，也就是只會對部屬發號單純的數字命令，例如：「你這個月的目標是要賣掉X部」等，他只會用數字結果來判斷部屬的優秀與否。完成了指定數字就是好職員，他也只會以這種方法來評斷。長期下去，他對部屬的推銷工作便會開始

變得不耐煩，心想：「按我的方法來賣，應該能推銷更多出去，賣個十五部也不成問題。若依部屬的做法只能賣掉三部、五部而已。」部屬開始會被他看成是負擔。

其實在這個時候，對部屬的推銷方法應該要更有耐心教導才是。可是他卻想親自去執行，越職親自去與客戶商談，這便是蔑視部屬。這時部屬必會發牢騷：「那經理你自己去做不就好了嗎？」且部屬的心情會變得越來越頹廢。若形成了這種惡性循環，是無法好好培育部屬的。

這又是為什麼呢？因為目光只是放在「自我成功」上面，能得到的也只有這點，對於什麼是人真實的心從來不做深入思考，最後變成厚臉皮的人。在一些成績不錯的業務員中，這樣厚臉皮的人還真是不

少，厚臉皮的人是很少做自我分析的。

不清楚是什麼狀況下，就隨意切入做生意，還自稱「我為人好，所以人們也會對我好」等，其實，等他一走，大家才能大鬆一口氣：「總算走了，唉，總算輕鬆了。」

但是，他本人卻意識不到，絲毫不曉得自己的臉皮有多厚，還自認為任何人都能為友，然後以這種手法不停地做生意，這樣的例子真是不勝枚舉。

反之，如果是謹慎型、細心的人的話，就不會去做這種厚臉皮的事，而專注於提升自己。

例如，有自己的喜好，以這個喜好來做為話題，融入對方的談話，或者以其他趣味的話題作開場白。可是，這對逞強的業務經理來

說，是不能忍受的。

我認為，對這樣的人來說，是有必要去做靈魂的休養和休息的。雖然這會使他的處境暫時陷入不佳的逆境中，卻可使他開始逐步明白他人的心。一直以來自認為是公司的門面，自己如果不工作，公司就很難運轉。可是，當他生病休假的時候，很意外的，公司仍舊順利運轉，他的心會受到很大的打擊。

特別是在同事或部屬來探病時說：「你雖然休息，但公司依舊進行地相當的順利，請你不必擔心！」這種話讓他最受打擊。其實，他真正想聽的是：「你不在，公司幾乎要停擺了，無法順利運轉。」

如果你是這樣的人，我認為還需要多些磨練。請勿以為這樣就等於在後退，其實為了養成更加寬宏大量的人格，這種磨練是必要的。

4 從試煉中徹底學習

優秀的人開始學習工作的方法時，通常會拚命地想要證明自己的能力。我認為，這跟幸福科學所提倡的「施愛」剛好相反，這是在「奪愛」，潛在意識是在謀求稱讚，想獲得注意。

當人在熱衷於自己要如何才能獲得他人的青睞時，各位有沒有以下的經驗呢？如果他人給予自己的評價低，就會趕緊極力加倍地努力。可是不知為什麼，當你越努力，周圍的人就越是不用正眼相看；越努力，周圍的評價莫名其妙地就越是不佳，這效應真是令人百思不

解。

回想這一切，即會發現原來自己是在奪愛。自己的努力好像完全是為了得到更多人的讚揚，所以從他人的角度來看，在賞識這個人的當下，心中會不是很舒服，似乎自己有某種東西被掠奪走的感覺，就好像自己的私房錢減少一般。去稱讚一個只想謀求別人賞識的人，會有一種損失感。

各位不妨可以感覺一下，周圍有沒有那種為了得到他人稱讚而做事的人呢？在你的朋友或者工作場所中，有沒有眼睛流露出渴望得到他人稱讚的人呢？這種人雖然很想得到稱讚卻老是事與願違，於是便越加在這方面下功夫，不久周圍的人就會開始議論：「這傢伙想要爭出頭啊！」並用冷淡的態度回應他。之後此人便開始陷入進退兩難的

困境，心想到：「如此拚命卻得不到賞識，世界真是不公平，這裡的人盡是些不能直率地承認他人能力的人！」

而實際上，在謀求他人稱讚所做的努力過程中，就是以追求「自己得到稱讚」為中心，去貶低別人，只把別人當成是自己的抬轎人，久而久之，自己便陷進這樣的錯覺中。

總而言之，若是一心想著自己要出人頭地，那麼就根本不可能想到如何讓他人幸福。人是非常敏感的，與人交往時，如果完全得不到幸福的話，便會想與這樣的人劃清界限，遠離他而去。

而一旦當人們與你漸行漸遠的結果出現後，你便去批評人，擾亂他人或說他人壞話，這樣必然會產生適得其反的效應。

所以，如果自身處於挫折期，或者，已走過順利期而來到低潮

期，經歷這類的磨練時，請不要消極、負面的看待它。只有在這個期間，人們的靈魂才能得到鍛鍊，也同時才會去理解別人的心。

很遺憾，看到自己不在崗位時，工作仍能照樣順利運行，而受到打擊——其實世間的真相就是如此。一般的上班族通常可以立即被替換，就連被認為絕對無人能代替的總經理寶座，也是可以立即換人坐的。

也就是說，工作並非單靠個人的力量就能完成，而是由多數人相互配合，才能造就所謂真正的工作。切不可忘記，他人的力量才是個體能夠做到自我發揮的前提條件。

所以，若有熱衷於閱讀本書的讀者，現正處於挫折、逆境漩渦之中，我希望，無論如何一定要回顧過去這幾年，或者這幾十年間，

自己的生活方式是否失去了平衡，還是自己只是一個期待他人評價的人，而忘記了評價他人。能夠養成這種內省是很重要的。人成長的因素很多，而真正能夠發揮潛力的人，一定是經過許多磨練的人。

通過磨練並且能將之轉化為自身力量的人，便會放出光芒。反之，在磨練中只是消極地順著潮流行船，便會讓人留下暗淡的印象和心中的陰影。

所謂磨練，也不是持續不間斷的，在這磨練期間會有某種程度的收穫，對能夠學到的要盡可能地學習，抱持著這種態度是很重要的。

5 不要過著充滿藉口的人生

處於不幸的時候，要告訴自己，不可陷入只有自己一個人不幸的困惑中。

不管是疾病纏身的人，或者是失敗、挫折連連的人，在這種時期很容易產生自己運氣不好的錯覺。在這個時候，請務必睜開雙眼，更加敞開心懷，觀察他人的境遇，人未必都是只有成功而沒有失敗的，身邊一定有人為了突破自我、奮發向上，而付出許多努力的人。

有沒有想過，世界上有多少人正處於與自己相同的境地。疾病的

種類繁多，有心臟病、癌症或者是外科疾病等，但絕不會有那種只屬於你自己一個人的獨特疾病。因此當疾病纏身時，要想到世上也有很多人和自己一樣正為這疾病所苦。

美國曾有一位著名的輪椅總統（富蘭克林．D．羅斯福）。通常當人的身體需要坐輪椅時，便不會想再參加社會性的活動了。可是，這位總統卻將工作做得極為出色，他與別人不同之處，是從不為自己的人生做辯解，努力克服身體上的障礙，將自己能做的事情善始善終，盡可能地做好。

另外，美國曾有一位政治地位很高的女性。她在年輕時丈夫就過世了，之後又被孩子遺棄，歷經了生活方面貧困和疾病的痛苦，然而，她卻能從這樣慘淡的生活中脫穎而出，成了美國政府內最高地位

的女性。

我觀察到，在困境中能承受一般人承受不起的困難、能夠在逆境中站起來的人，這些人都具有相同的特質，現歸納列舉：

第一點，面對逆境、困境絕不責怪他人，絕不埋怨他人或命運。這是因為他們深知，這麼做對自己將毫無益處。

第二點，去承受被賜予的命運。不要去追究有這樣的命運如何是好，而應從正面去承受厄運、逆境。這就是承認現實，而後深思熟慮如何在這種現實中復甦，決心去承受厄運的現實就是勇氣。

第三點，從逆境中尋找教訓。逆境要警示自己什麼呢？必然是有答案的，這答案將成為以後的心靈之寶，變為重要的財富。

第四點，絕不依賴他人、不謀求他人的援助生存。即使在不利的

環境中，也始終不忘堅持獨立自主的精神，或者說不忘自力的精神。正視被賜予的命運，承受現狀。但是，不可以全盤接受或感到滿足，而應該用自力打開新的局面。心中知道，成功之路必經這樣的過程。

令人憐憫的人終究是成不了大器，有很多人會習慣要求他人憐憫自己。一旦開始要求他人的同情，日子一久，漸漸就會陷入這種被同情所糾纏的人生了。

在不幸的環境下，當身體有缺陷或疾病，就企圖去謀求他人的援助時，對靈魂來說，就等於是投降敗陣。在這不幸的關口，必須果斷承受命運，這樣必能度過難關。

6 以決心和毅力開創前程

在下定決心闖命運險關時，倒也不需要特別的巨大毅力。就從自己的眼前，自己能力所能及的點出發，向前開展。所謂自己的眼前和能力所能及的是指什麼呢？就是指在現狀下自己能夠做得到的事情。假如，自己的能力已無法再發揮的話，就應考慮自己還有沒有其他的才能。

回顧一下自年幼起，那些過去疼愛過自己的雙親、兄弟、朋友和老師們，對自己有過什麼樣的讚賞或評價呢？自己是否還有哪些被自

己忽視的能力，是否還有未使之力，是否有仍然可以作為開拓前程的依據？

我記得以前曾經看過ＮＨＫ的電視紀錄片，報導的是一位無手之人，以足繪畫。用腳趾夾握著畫筆作畫，卻能令人吃驚地畫出有畫家水平的畫，可媲美內行畫家的作品。此外，各種動作也都是靠腳來完成。雖然沒有手，但腳的能力卻發揮到與手相同的程度，這是真實的事情，這是由努力所得到的恩賜。也有不少沒有手的人，一開始便放棄努力，依靠他人照顧而結束一生。

可是，這位口足畫家卻以自力開創前程。由於喜好繪畫，便練習以腳作畫，即便剛開始的時候無法馬上就畫得很好，但不久便逐漸進步，達到用腳畫出好作品的程度。

無手之人，以足作畫，用腳趾夾拿畫筆，還能夠擠顏料軟膏調色作畫。相較於這些人，我認為，對肢體健全的人來說，就應該是沒有什麼事是靠自己的力量辦不到的吧。

所以，我這樣認為，各位靠雙親的援助能夠接受教育，身體也健康，那麼，也就絕對沒有什麼道路是無法開拓的。

有人會為自己做各種辯解。例如，現在自己的境遇不好，或是才能有限等等。目前，已有許多為開拓前程而設立的各種證照考試等等，按道理說，這條路不也是可行的嗎？實際上，不就是努力不夠和毅力不足嗎？我要說明的就是這些。

很意外的是，不可思議的事會發生。無論身體有何種缺陷的人，如果願意這樣去思考，在努力的過程中往往會出現美好的景象。

正因為如此，一個能力洋溢、體力充沛的人，心中就要明白社會上還存在著一些人，他們的人生是從更不利的起點出發的。要清楚自己現在必須做些什麼，要加倍努力，把愛散播給更多的人。

越是擁有優越的條件，就越應該幫助眾人。懷有這樣的心，就會產生重要的意義。

7 創意使你常勝

我自己也常常希望能做更多的事情，可是在現實中會感覺到體力是有限的。

此時，如果運用常勝思考的方法進行思考，又會得到什麼結果呢？當體力耗盡時，還可以使用智慧。所以，開發創意是我常在思考的，各位也許有同樣的想法。常勝思考的必要元素之一，就是創意、發明和發現。

如果對我現在的工作做評價也許不太合適，可是，我在前進的過

程中，不斷累積發明和發現，或者說是創意。這就是說，在遇到各種阻礙的緊要關口時，要考慮下一步的方案，忌諱魯莽行事，要積極思考下一步的做法。

所謂自己的體力有限，從常勝思考來說，就是人的活動能力終究有其限制，所以，屆時就要運用智慧。

第一，應該分析工作中有沒有即使自己不去做，也不會發生問題的部分，有沒有什麼工作是他人可以替代的。

另外，還有一種思考方法，就是培育他人。自己欠缺的部分用他人來補足，這樣，就可以做到整體性的發展。

偉大的經營家松下幸之助就是這樣做的，他身病體弱，不可能去做所有的事情，因此不得不器重他人。在一九三三年五月，他便發明

了世界上的第一個事業部制度。

我們今天在讀經營學的書籍時，事業部制度的經營方法已經成為常識中的常識了，那就是一種分社經營的方法。在各事業部安置負責人，分門指揮。透過這樣的方式分散權限，以小規模活動做逐層的連動，即使是很龐大的公司也能夠運轉起來。

如果只做一元化的支配，全部都由老闆做決定的話，公司將會受老闆的個人能力限制，超越了老闆能力之外的，將無法拓展，便會導致公司發展停滯。

對此，設置事業部，安排各事業部的部長，明確地說，也就是組成了各種公司的集合形態，進而使得在個人能力之上的工作也能夠得以完成。

松下幸之助由於身體虛弱，而在世界上首次創立事業部制度，至今，世界各地均在效仿，我認為這也屬於常勝思考的思考方法之一。在沒辦法自己完成的情況下，做反向思考：「只有自己不做，才會給予他人機會，他人也才能得到機會」、「任何事情都由老闆做，無法培養出人才。因為個人的能力有限，才更應該用人，任用他人，完全給予信任，不斷地使他人發揮才能，才有助於完成大業。」運用這種思考方法，松下幸之助成功培養、成就了現在有著幾十萬人的龐大企業。

舉個例子，總公司在大阪，分公司設在九州等地時，松下幸之助無法直接監督分公司。他任命二十歲左右的年輕部下擔任九州分公司的負責人，在送別時會說：「很遺憾，我不可能搭地鐵到那麼多地

方去，管理就拜託你了，好好發揮吧！」他對他人信任、任用，非常用心地栽培下屬。松下幸之助的親身體驗，是極好的先例。由此例看來，不應該以個人的能力界限來限制工作、限制活動。我認為，會這樣畫出界限的人，絕不是工作能力不足，而是缺少智慧，或者說缺少創意。

希望大家從今天起也這樣思考。或許會有一部分人認為現在是最順利的時期，無所謂，但順利是很難持久的。感到自己不順的時候，首先不要再使用一貫的辦法，要稍做靜觀，再尋找看看哪裡是可以下功夫的地方。

人們在擴大事業的時候，只靠個人的力量是絕對不行的。毫無疑問地，每一個人都需要借助他人之力。

8 跨越個人能力的極限

有了好的主意，再得到別人的協助，事業必定會壯大發展。

譬如，一個魚販為小生意奔忙，還認為這樣就夠了，那麼，這個人的一生，將只是一名魚販。

此人可以在生意上多下一些功夫，思考研究怎樣去做才能夠吸引更多的來客。例如，在傍晚四點到四點半，或五點左右的時間，到A住宅區去，客人會很多，那麼，在這個時間去A住宅區的話，會比去其他地方的銷售額高五倍左右，明白這一點之後，每到這時間就應該

去A住宅區。

再進一步想：「別的時間還有沒有機會呢？」令人意外的是，有不少人回到家後才想起忘記買東西了，能不能為這樣的家庭主婦賣魚呢？這樣，有了「這地區的居民到了晚上八點還在買東西」的情報後，便可尋找適當的攤位，增設店鋪。像這樣思考的話，就會比以前隨性做生意多好幾倍的收入。

再來便是雇用助手。有了助手，就不只是個人工作了，可以在同一時間解決更多的問題。對於大量湧來的顧客，如果是一個人的話，要做賣貨、計價、找零錢等，會忙亂無法應付，致使客人轉向其他的店鋪或超級市場。

增加人手可以分工，自己管賣貨，而另一人收錢，兩個人會使

效率倍增、生意更好，其後又可以再增加人手。原來只有一輛生意用車，可以變成兩輛、三輛。這樣，各個方面又能添新手了。

結果就成為三、五輛車的買賣了，接下來便可以大批進貨，從市場上進到更便宜的好貨。起初一個人的時候，進貨的數量有限，像新鮮的秋刀魚只能進二、三十條而已。而現在可以進一、二百條或五百條，還可以向大盤討價還價地說：「一次買五百條的話，能便宜多少？」進了便宜貨就可以便宜地賣，客人也會更高興。

這樣，隨著規模的擴大，服務品質也會提高，培育出更多的員工，生意會進一步得到發展。客人高興，生意就越發展，如此就越可以尋找到好的商品，這樣便開始進入良性循環，往好的方向邁進。經過二、三十年的急速成長，幾十年後便發展為龐大的企業。原來只是

夫婦兩人開的小店鋪，店員二、三人，竟發展到擁有職員幾千、幾萬人的公司，大多數成功的公司都是在這樣良性循環中運轉的。

追根究柢，問題在於有沒有考慮到這種可能性，否則買賣做了三十年、四十年也仍然是一個人。

針對做買賣來說，什麼時間在什麼地點賣貨最好，怎樣做客人最能夠滿足，而經常能為客人的方便著想的人，會按照此方程式發展，創造出良好循環，各方面都會陸續好轉。

經營相同事業的人有很多，其中有發展的、有不能發展的，彼此間必定有其不同之處。重要的是能否有眼光，是否夠細心，或者能夠下多大的功夫。

辦不到這一點的人，百分之八、九十是被自己的能力和活動圈

所侷限，祖祖孫孫，店鋪三代相傳，只是指望客人數量不減的老實生意，是絕不會有什麼發展的，這樣的事屢見不鮮。

咖啡店、麵店、飯糰店、漢堡店等等，賣的東西大同小異，可是，有的可以在全國發展成連鎖店，有的卻是沒有好的發展或是無發展。求發展是有祕訣的，在超越個人能力的部分，必須用創意功夫加以補充。

9 獲得成功的兩個祕訣

上一節針對創意功夫所作的敘述，各位應該能理解吧！很多人在自己的人生中遇到阻礙，就開始懷疑自己是否在唱獨角戲。其實一個人所能做的事，是很有限的。

要想在世間成功，還需要廣交友人，否則也是行不通的。成功的祕訣大致分為兩個。

① 發現需要

尋找出經常被需要的東西是什麼，心中要架起探測雷達，搜尋出現今被人們需要的東西。所謂被需要的地方，就必定是工作開始的地方，這地方也是能急速發展的地方。

有需要就有工作，如果不被人們接受，就表示此處無所需。

例如，經營一個補習班，營運狀況不良，學生就不會來，表面看起來好像是這個補習班沒有被需要。但我認為，或許是真正被需要的東西沒有提供出來。對於別的工作來說，情況也一樣，雖然有需要但卻沒有得到提供。

接下來舉一個賣車輪餅的例子。以前的車輪餅都是豆沙餡，可是

最近，自從某個小店開始販售奶油餡之後，便開始出現數不清的內餡種類，就連巧克力餡的也有，生意很興隆。

我想其中的原因應該是：所謂車輪餅，以前好像只是老人或小孩子吃的東西，而年輕女性是不感興趣的。可是自從放進像奶油或巧克力餡之後，小姐們便開始感興趣了，她們一吃，就能多賣。只是有了這點小變化，創造出需要，生意就有轉機了。

公司的工作是如此，自力營業也相同。此外，家庭主婦也是如此，必須去發現家庭的需要。有需要的地方，必會出現真正的好工作，這就是日常生活中要去細心觀察的地方。

②思考下一步棋

另一方面，是在這個需要之上，思考能不能有再進一步的發展？再發展的根據是什麼？

若是那間車輪餅的老闆，只是滿足於自己發明了奶油餡或巧可力餡的話，那麼他的業績就會停滯不前。

如果換我當老闆的話，業績應該還會一直提升，我不可能一直站在路邊賣車輪餅，我一定會以這個發明為契機，創造更大的發展。

當自己獲得某種程度的成功後，就必須要把這個成功當成是自己的本錢，思索下一步棋該怎麼走，才能有更大的發展。

10 經濟力是開創局面的力量

再從另一個角度來談開創，人們會認為自己的煩惱多半是屬於精神層面上的，然而事實上，百分之七、八十的煩惱，是經濟力能夠解決的。

如果大家的收入能多出十倍的話，我可以斷言，八成的煩惱會很意外地消失。

例如，有位太太總是疲憊不堪，後來仔細想想為什麼自己會這麼疲勞？才發覺到，其實並沒什麼大不了的事，只因為平時買東西，要

走很遠的路。由於當初沒有錢，只好在距離車站很遠的地方蓋房子，所以買東西變得很不方便，於是漸漸地感到疲勞而不堪忍受。

解決的方法有幾種，如果有錢的話可以買輛自行車，這是花小錢就可解決問題的方法。另外，當然也可以買汽車，也許自己不會開車，可是，只要雇用一名會開車的傭人代為採購便解決了。如果不信任讓別人代買東西，也可以請司機，載自己親自去買就好了，這是用經濟力能夠解決的問題。不過，大多數的人只因碰到這種狀況，就會不滿、牢騷滿腹。

再來，照顧小孩或生病的老人也是椿不小的問題。類似這樣的問題，若有了人手，就能解決，解決問題的方法往往是在意想不到的地方。

有人會因自己的孩子頭腦不好而苦惱，這也多半是金錢的問題。因為沒有錢，就只能去上公立學校，若有了錢，就可以送孩子去私立學校。父母因為無法讓孩子有較好的學習環境，便欺負孩子，說孩子頭腦不好，這就是父母的不對了。只要有錢便可送進私立學校，沒有錢就辦不到。

這樣看的話，現代家庭煩惱的關鍵，多是經濟方面的問題。如果是這樣，不要只是發愁，而是要思考是否有別的路可以走。丈夫在公司幾乎不可能晉級，那麼，雖然以後會隨著國民生產毛額微幅調薪，但要大幅調薪是不可能的了。如果當向上發展已成為不可能，就應該知足，或者可從開源節流下功夫。

若是先生的收入無法增加的話，太太能否有副業收入？或者，

丈夫是否還有出人意料的、人所不知的才能？這世界上也是有只寫小說，便意外出了名的人，也有突然表現出特殊技能的人。

因此，若太太在外學習，通過考試取得社會承認的資格，當了教師，或許家庭經濟會迅速富裕起來，未來的出路是難以預料的。

總而言之，要經常去思考該如何開拓新的前程，不要被現狀所束縛。

人不可只是逆來順受，或僅是發牢騷、抱怨不滿。面對逆境時要予以承受，以此為切入點，去思考下一步。

11 發現常勝的自己

人很容易將自己的能力做意識上的限定，或者受過去的事情束縛。你是否已為自己下了一成不變的定義呢？若是如此，便會度過自己所定義了的人生。要堅信，侷限住自己的人，是無法做出超越現在自己的所作所為的。

對這一點，我曾不只一次地說過，所謂「意念」有著極為重大的意義。我認為，「人之念即為其人」之語，是永遠的真理。所以，人們從今以後應該多加運用自己的意念，特別是用意念的力量去思考。

如果在經濟能力、金錢方面出了問題，就要針對這個問題去努力地想出解決的方法。另外，要再談的一點是，對學歷的自卑感。

各位有沒有為此煩惱過呢？假如你在幾十年前未能讀大學、未能進高中的話，這種事情便成為自卑感，很多人從二十年、三十年前，就開始背著這個自卑感過日子。

雖然已過了二、三十年，但多數人現在仍然還懷有這種自卑感。我認為，因學歷的不足而不能得到錄用，也多少有些無能為力。不過要是拘泥於此，就等於一直給自己貼著這樣的標籤。只有中學學歷卻成為偉大人物的人，在世界上可多得很。在他們之中，不會有人老是在想自己只有中學的學歷、只有中學程度的頭腦，所以也就只能做中學程度的工作，或者常想著自己能力不足這類的事。

有一位任職於第一流企業——M物產公司負責財務的副總經理，他就只有國中的學歷，只有國中的學歷卻當上大公司的副總經理，他一定付出過別人無法想像的努力，毫無疑問，那是比別人要多一倍、二倍，甚至三倍以上的努力。

因沒有上大學，而有自卑感的人非常多。特別是在現代社會的人，常對才智方面抱有強烈的自卑感。若把幾十年前的事實，當作自我辯解的全部理由，我認為，這樣想對現在是毫無益處的，以後自己能有什麼程度的進步，才是勝負的關鍵。

即使上了大學，通常在校學習也就是四年。在這短短的四年中，即使怎樣努力地學習，也沒有什麼了不起。人在四年時間中所能學到的知識，就算頭腦再不好的人，經過十年的努力也是可以學到的。四

年裡能學到的知識是可以掌握的，如果努力十年還不行，二十年總應該沒問題，在二十年這麼長的時間裡是沒有什麼學不會的。

所以，確立自信，認真地生活，做出成績很重要。我必須指出，以學歷不足作為藉口的話，意念也就會停滯、無法進步。

如果因為學歷不足而後悔的話，就應該努力補足，為此充分的運用時間，付出比常人多三倍左右的努力，一般來說是可以學成的。別人二年、三年就可做成的事，自己花上十年就絕對跟得上。做不到就是努力不夠和信念不堅強，要多激勵，並改善消極面。

自卑感每個人多少都會有一點，但如果你總是陷入自卑的情緒中，而被周圍的人認為，這個人就只有自卑感的話，我想那也是很無奈的事。要為消除這種自卑感做出努力，自卑感才會真正消失。

所以，如果說學歷不足有什麼缺點的話，我想就是缺少綜合性的思考、整體的觀察方法。這是為什麼呢？一個人自學校畢業後開始任職於某個行業，或許是在某個專業的領域，也或許此人只從事同一種行業，因此，平時多半也只會考慮與工作相關的事情。若是在從事這專業工作之前，並沒有接受專業的培訓，視野很容易變得狹窄。若用樹來做比喻，這種情形正是枝不茂盛，樹就不健壯，根也就不扎實，這就是學歷不足所欠缺的。

所以，因為才智不足而煩惱的人，在悲嘆之前不妨去接受專業培訓，不但可以放寬視野，也可瞭解更多的事情。這是我想強調的重點，其餘方面則較為次要。

自己單方面認定自己頭腦不好，而將自己侷限起來的人相當多。

其實，個人的實力在未來會如何發展，那是無法預測的。

進入了社會，有許多人原來頭腦不錯，卻在後來變得笨拙，也有與此相反的，就是有些人原來頭腦不太好，卻變得聰明起來了。也就是說，在今後的十年、二十年間，如果不去特別追蹤調查的話，自己會產生多大的變化，恐怕自己也無法清楚知道。

希望大家不要侷限自己，要有信念，把握信念，掌握現實、將自卑轉化為在實際中的努力，如此便會像登上一層層石階，攀登上繩索一樣，一步一步堅實地向上發展。

第二章

反向思考的理論

1 發想的重要性

事實上至現在為止，很多人都讀過宗教的書籍，在這些書裡面，大多是從善心、惡心，善念、惡念，善行、惡行的善惡二元論進行構思的。

在談人的問題時，往往也是從這個人是善人、那個人是惡人的角度去評價分析。對人從世間離去後，是上天堂還是下地獄，也全是用這種二分法判斷。靈感較強的人，對這樣的善惡分析、分類是比較容易有感觸的，導致經常用善惡二元論來考慮問題。

若從善惡二元論的方向去思考，人們很容易將事物二分化，一下子就想要分出善還是惡，不予以二分的話，就會有不甘心的感覺。如此一來，在觀察事物時，即使選項A與選項B之間，還存在著其他的選項，也常會被忽略掉，這樣不是太可惜了嗎？

比方說，假如有外星人乘飛碟從遙遠的星球來到地球，而恰好在梅雨季節著陸，當這些外星人從飛碟中走出來，發現幾乎每天都在下雨，就說：「這個地球呀，不知為什麼老是在下雨，真沒有意思，趕快離開吧！」如果這樣想的話，留在地球發展的可能性，也就微乎其微了。不只在地球發展的可能性變小，就連自己活動的可能性也會到此為止。

可是，如果認真調查的話，便會知道地球有下雨的時候，也有天

晴的時候，差別就在能不能意識到這一點。當看到碧藍的晴天後，就會知道地球也是一個適合居住的地方。

在首次到達地球之日遇到了雨天，便做出「啊，這星球太差了，這國家太差了」的判斷，接下來的可能性也就不會有了，太武斷就等於放棄了任何的可能性。因此，不得不再向著下一個星球做宇宙飄蕩，這是很浪費時間的。如果願意在地球做接近一個月時間的長期停留，梅雨期是會過去的。可是卻因不能忍耐而離開地球，再去做幾十年的宇宙流浪，這是非常划不來的。

這個比喻，在說明很多人都慣用這種思考方式來判斷事情。

例如，在已婚者中，有沒有人曾想過：「如果換個對象的話，也許能幸福一點。」我認為，有著「如果娶的不是現在的太太的

話……」或「如果嫁的不是現在的丈夫的話……」這類想法的人，至少占已婚者的百分之五十以上，甚至有可能多到百分之八、九十。

雖然明明知道這種想法不太好，卻還是有如此念頭。「如果可以換個對象的話，不，如果能夠早一些發現的話，也許生活會過得比現在美好。」大多數人是不是懷著這樣的想法，度過了三十年呢？

這雖然不是等同於在梅雨期著陸的外星人，但是，也有相似之處。在此，構思的轉變是重要的，應做出新的構思：一是必要經常思考有沒有新的視點，二就是要知道努力和下功夫的重要性。

2 開拓第三條道路

「反向思考」聽起來似乎很難，可是只要多加注意的話，就會發現這樣的事並不少。這不僅僅是指大家的意識水平，而是一種適用於不同立場的每個人的思維方式。

譬如，就我本身來說，我在眾人面前講演的次數越來越多，同時也在撰寫著作。對寫書的人來說，外出越多，就越沒有時間寫作，這是個法則。所以作家們喜好隱居山中等安靜之處，專心寫作。如果不減少交際，就沒有充足的時間來完成著作。

這個法則對我來說也不例外，要活動還是要寫作，如何取捨，使人左右為難。

可是，這兩者真的是對立的嗎？不妨試著從兩者並非對立的、相反的思路去思考。

譬如，計畫完成一本書，就可以研討會的內容為基礎，具體來說，在兩星期一次的演講會上，與聽眾見面，把演講一個小時二十分鐘左右的內容編輯成書。如此，不寫作也可以出書。當然，這並非每天都能做的，也未必完全能使用這種方法，只是說可以有這種思考方法而已。

那麼，作家們是否都可以使用這種方法寫作呢？答案是否定的。因為，文章語言和口語不同，口語是無法變成文章的。作家會拘謹於

文章用語，譬如，用什麼文字、什麼連接詞、句尾是怎樣結束的等等，作家會很在意文章的表現方式，如此一來，所說的話語也就不能直接編成書了。

然而，也有一開始就認清現實，用較為口語的文字來編著書籍的方法。

試想，從讀者們的立場來看，能有收穫最重要，至於文字的表達方式是否完美，並不那麼重要。所以只要能充分表達內容，易懂即可。如果熟練的話，用說話的語言也能夠成為好書。認為不行的人，是對文章表現過於拘謹、過於神經質，若是能放棄這些顧慮，就有可能兩者兼得。

當然，這是需要下功夫的。若想讓每一次的講演，都能成為書籍

的一個章節的話，就需要在一個小時或一個半小時內，講出有相當密度的內容。

如果問我是怎樣做講演的，那就是我在過去曾經鍛鍊過自己的記憶。我在讀書的時候，會用紅筆邊畫邊讀，記憶住所畫的那幾行，其餘的不留記憶。所以，讀過的書之精華，書名姑且不論，已記在頭腦中，繼而能運用自如，我是如此運用頭腦的。

經過這樣的訓練，在演講時，就能在頭腦中用紅筆邊畫邊講，也能明白讀者對自己所講的哪部分會畫紅線，在此的每一頁放入兩行重要部分，便可成為像樣的書，就這麼簡單。雖然在演講中會稍做閒談，但若在一頁中能有兩、三行可畫線的內容，就能成為一本書。

如此，人們在讀完書後，就不會有划不來的感覺。把它作為技術

加以訓練，效果是會提高的。經常去注意、去努力，便會有進展。

以上是介紹我自己對現在的工作如何做「正向思考」的例子。雖然各位的立場不同，但是用這種思考方法，必定可以做出名堂。

譬如，在觀察己心時，有沒有哪一件事情是矛盾不已的呢？AB兩個選項，要A就得捨B，要B就必須捨A，如何是好呢？各位一定常會有如此的煩惱。

或者，想參加真理傳播活動，可是外出的話丈夫就不高興，而造成夫妻失和。不去的話，丈夫心情雖然會好，可是自己卻苦悶。哪一個重要呢？類似這樣的事列舉不完。其實解決的方法是，帶丈夫一起去，一同參加也是一種方法。除此之外也還有別的方法。

因此，當對立的價值觀出現，自己感到痛苦時，不要簡單地站

在選擇或拋棄任何一方的立場，而應該將對立的東西進行統合，或者說，在某處必會有「第三條道路」，要不斷地去思考，持之以恆下功夫，眼前的道路便會展現出來。

做越多的訓練，好的想法就會越多，重要的是思考的訓練。經常把它當作一種習慣來訓練，就容易得出好的想法，你也就獲得了一定的實力。

有了實力，遇到問題便知道如何分析，進而得出互利，非對立的結論。用這樣的方法便可以解決問題，如果行不通的話，再想出下一個方法。有了這樣的鍛鍊，以後在兩、三秒鐘便能夠考慮周詳，煩惱也會煙消雲散，剩下來的只有希望。會有第一希望、第二希望、第三希望，而無煩惱殘存。

這樣的思考訓練，與只區別善惡、和只能選擇一種的思考方法不同。它是對自己所處的環境、化解人與人之間的衝突對立時，可以使用的思考方法，是一種不同於往常解決問題的思考，做這樣的訓練會帶來許多的樂趣。

3 轉敗為勝的反向思考

各位每天長時間的在工作，或許會得到滿足感，但是，我想各位也常常會有工作好像都做不完的感覺。這類情形，多半是因為因循守舊，而使工作效率下降。這樣的人在精神上是貧乏的，屬於這種性格的上班族，常常得放棄假日的休息。

這種假日不休息的人心想：「我如果休息一天，就會積壓隔天的工作，這樣會給別人增加負擔，所以不能休息。」就這樣，逐漸轉向類似自我懲罰的思考方法。或許又會說：「各位只管去休息吧！反正

我是不能休息了。」在這時候，別人的工作也會找上門來，便更加辛苦。結果就是，工作效率更為降低了。

在這種時候，若能想開一點去休息的話，就是一種解決的辦法。一般來說，連續休息三天以上，上司和同事們會生氣，有的公司會提出警告。但是不妨大膽想一想，若整整休息一週，到底會有什麼結果呢？

首先，應該會想到由自己負責的工作會停頓下來，給別人添麻煩，耽誤客戶。其次是想到他人的目光，這也是至今沒辦法休息的原因，別人會不會想：「這小子光玩不工作、是個只知道玩的傢伙」，或者「叫我們怎麼辦啊？我們可不是不能休息了嗎？」等等。

一般人對此會作出退讓：「我看還是算了吧！還是請個兩天假就

好了！」

這個時候，可試做反向思考，即：「是不是真的沒有那種既可以休息，也不給別人添麻煩，又對自己有益的方法呢？」很意外地，是有這種方法的。譬如，想要在八月休假的話，事前就將未辦的事項辦妥即可。這是靠努力便能解決的問題。迫使自己自動地呈現無業務的狀態，要讓周遭的人認為：「我的工作都做完了，年底前的業務已經全部完成了」。

到底這要怎麼做呢？其方法就是要以異於尋常的效率，去完成下個月的工作量。將實際上到八月底之前完成就可以的工作提前完成。如果害怕休假之後的閒言閒語，那就連九月份的工作也做完，把全部的工作都往前移就對了。

如此一來會如何呢？本來以為每天的工作，這個多到好幾個月都做不完的工作，原來只是潛意識裡自己想沒事可做，只好保留業務不做。擔心每天去公司無事可做，於是每天分配均等的工作量。所以如果想要快點完成工作，還是可以辦到的。

況且，在休長假之後，會有一種罪惡感，擔心自己有可能會受到別人的指責。於是便會以此為動力，加倍努力，將今年乃至明年三月左右的工作，在短時間內完成。這樣一來，自己在公司更是落得輕鬆。這就是將自己過去認為是障礙的東西當作槓桿，反過來去考慮更為有效的工作方法。

再提供另外一種思考方法。若是因為擔心休假期間，會給周圍的人增添麻煩，那麼就應該把自己的工作做明確的交代，這是平時很少

去想到的事。因為，平時自己身處其境，做分內的工作，對何時何地所發生之事皆是自行處理。所以，對如何向同事交代事情很少加以思索。

試想，當自己休假之時，別人將代替你接電話、接替你處理工作，或者代替你接待客人，他們的做法會不會與你相同呢？所以需要明確交代自己的工作，或者使用最佳的方法讓他人明白。

自己的工作內容，程序不明確化、不書面化，不能讓任何人接手都一目瞭然的話，是不行的。規定了對各種事態的應變，他人才方便代理。如此，在休假之前便可交代：「若遇到這樣的問題就可以用如此方式解決，若是有人打電話來詢問某事，屆時如此回答即可。」如此將全部的事情加以明確交代，事情便能順利解決了。

如果不預先做安排，而突然對同事說：「啊，我明天開始休假，再見！」就這麼走掉的話，周圍的人想不生氣都難。客戶來電話需要當天回話，同事便會很為難：「他人不在，不知怎麼辦才好？」若因而心生不滿，以後便會說：「這傢伙是什麼東西呀！」等不中聽的話，然而，這其實是自己的過失。

所以，面對這種似乎是不利或者無法兩全的事態發生時，應以此為跳板，一鼓作氣的提高工作效率，或者提升自己的工作水準。任何事肯定有其解決方法，雖然因人而異，但絕對是有的。

做店面生意的人，好像一天到晚都在與顧客周旋，心中會常想：「忙死我了，忙死我了！」嘴上也會這麼說，可是，真的有那麼忙嗎？想一想，其實是有時忙、有時閒的狀態。真的是一整天都在工作

嗎？十二個小時都在工作嗎？想一下，還是可以找到不少空閒時間的。

在發現了這樣的時間後，不妨細思量，可否利用空閒時間做些不同的事情。假如是開餐館的人，上午十一點到下午兩點之間很忙，接著就是從五點以後又開始忙了，在此之間都有空閒的時間。像這樣的人，常會自認為一天中都在工作，一旦把工作結構化，有可能在白天很快就可以抽出兩個小時的空閒時間。

不過人們或許會做這樣的反駁：「根本就不是這麼一回事！傍晚的營業時間是從五點開始，之前的備料工作也是相當忙的。」這就要問：「那麼備料工作在上午做不行嗎？」卻常常聽到「上午只做中午的備料」的回答，而不考慮別的可能性。

我認為，這是因為沒有嘗試過，就加以否定。如果，把這些問題在某一個時間內予以解決，便可以抽出時間。許多與此雷同之事，可以多使用這樣的思考，煩惱即會逐一消失而去。

4 把失敗當作跳板

或許各位曾經讀過《川普自傳》這本書，這是美國的不動產王，唐納川普的自傳。他在四十二、三歲的時候，就擁有巨大的資產，是紐約最有本領的不動產王，我想他未來應該會挑戰成為美國總統（注：實際上川普在二〇一六年贏得了選舉，成為了第四十五代的美國總統）。

這個自傳當中寫了很有趣的內容。他的手腕非常厲害，但也因此樹敵眾多，遭到諸多批判，也曾受到報紙的批判。但是，據說當他看

到了報紙之後，忍住了那些批判的話語，報社越是講他的壞話，他的生意就越是興隆。

不管內容是好還是壞，當川普的名字出現在報紙的頭版或第二版的時候，他的生意就越是變得更好。所以他在書中寫著「所以說，不可感到害怕，不管被寫了什麼，只要能讓自己變得有名，那就很划算」，這實在是很有趣的想法。

能夠做如此想的人，我想在其背後一定有著足以反擊那些批判的自信。他有著非常強大的自信及回擊的能力。無論社會出現何種批判，他都認為那是自己有名之後須付出的「有名稅」，不以為意地持續向上攀升。他對紐約市長也是公然地批評、吵架，並且將此作為跳板，不斷地主張自己的意見。實在是很有趣、很不簡單的人物。

如果因為遭到了批判，進而就退縮下來的話，那就無話可說了。

另一方面，曾有一個日本首相因為被揭發了和女性之間的不正常關係，只做了六十幾天便辭去職位。這實在是很丟臉的事，如果認為終究有一天必須要辭職的話，還不如試著硬著頭皮繼續撐下去。「對於女性的愛太深，是我唯一的缺點」，此人大可以如此和盤托出，但他僅是被週刊批判個兩、三回之後，就辭職下台，我覺得實在是太懦弱了。我認為應該要再試試才行，那實在是太軟弱了。日本竟然接連兩個首相，因為金錢和女性的醜聞而下台，實在是太丟臉了。

若是遭到了批判，那就應該回應「喔，那是怎麼了嗎？我的政治手腕可是很厲害的，等著看吧」，或是「我承認那是一個醜聞，但給我一年的時間，我會給出足以擦掉那醜聞成績」。為何不這麼回答

呢？要我的話就會這麼回答。「醜聞？ＯＫ、ＯＫ。要批判沒問題，請盡量地批判，週刊要怎麼報、報紙要怎麼寫，全都可以，我接受所有的批判。但是，那都是過去的事，請看我未來一年的表現」，為何不這麼說呢？我想要跟此人說「如果你是男人，那就給我這麼說」。

如果是因為這些小事就引咎下台的話，那當初就不應該接下首相的位子。那實在是讓人感到非常困擾。既然接下了位子，不管是被說了什麼壞話，都應該把該做的事都做完了之後，再辭職才行。真的是太羞恥了，實在是想教教他才行。事實如何他自己一定都知道，如果可能因為那樣的批判而辭職的話，那最初就不應該接下職務。

螯蝦遇到了危機，就盡是後退，若是人過著像是「螯蝦型人生」的話，那就完了。若做不到人死留名、虎死留皮的話，那就糟糕了。

我並沒有要人們硬凹強辯。

世間當中總是有著要選擇大小、左右、進退的時刻。屆時，只會思考「YES or No」的人，就必定會身陷煩惱的漩渦，並且感到挫折。因此，不應僅是思考「YES or No」，而是應該思索「是否還有其他的想法」。能否抱持如此想法，人生將出現非常巨大的差異。

雖然很難說人生應該要有多少的平均打擊率，但能夠抱持如此想法的話，絕對能夠達到至少三成的打擊率。或者是，即便至今的勝率不到五成，敗仗比勝仗還要多的人，或者是勝率只達三成、四成的人，若能抱持如此想法，就算無法達到全勝，但或許會讓現在的勝率更加提升三成或四成。

就算最後的結果不甚理想，但那段時間的持續思考的內容，至少

能夠活用在往後的局面。的確，在那個時間點是失敗了。拼命努力之後，最後仍是失敗告終。但是，在那個時候所思考的所有可能性，有時可以用於一年後、兩年後，或者是五年後的其他局面。若能在腦袋當中整理出那些想法的話，有時即可運用在往後的局面當中。

若是用別的話語來形容「反向思考」的話，那就是「若是摔跤了，不要平白地就站起來」。無論發生了什麼事，都必定存在著未來飛躍的機會。

如果累積了諸多失敗的經驗，就想思考「如何將這些失敗經驗作為跳板」。這就是反向思考之一。手中現有的材料，每一個都能使用。那就好比看待鯨魚一樣。最近人們很難買到鯨魚肉，就像那鯨魚，從皮到骨頭、從脂肪到肉，每一個部分都可以利用。就像這樣，

發生在自己周遭的每一件事，都可以加以運用。

此外，自己周遭的人們，應該有著喜歡的人，也有討厭的人。若是和自己喜歡的人來往，想必是非常有趣、開心。另一方面，若是見到了討厭的人，可以此人當作老師。那是因為你可以徹底地研究，為何有人能有著如此令人厭惡的個性。這可不是一個令人感激的機會嗎？對於此人，你可以徹底地觀察「為何會如此失敗呢」、「為何性格會如此糟糕呢」、「為何會說出如此過分的話呢」、「為何會有如此悲觀的發想呢」，如此一來，你就有著無限的學習材料。

並且，自己從那裡掌握到的結論，即是各位獨自的儲蓄。不可只把存在銀行裡的錢當作儲蓄。觀察各式各樣的人、累積各式各樣的經驗，從中確認到「原來是這麼一回事啊」的東西，就是你自己的儲

蓄。這是可以無論何時都可提領的自己的儲蓄。有著如此儲蓄越多的人，就能夠成為成功者。

我想要提醒各位，如此發想非常重要。

5 佛所創造的世界中，萬事萬物皆有意義

總而言之，用別的詞句來表現反向思考的話，是不會讓你徒勞無功的。也就是說，無論出現了什麼情況，這是必能與下一個飛躍相連接的思考方法。

如果過去累積了不少失敗的經驗，並想從這些失敗的經驗中得到什麼，這個想法本身就是反向思考的方法之一，也就是說，累積至現在握在手中的，並非無用之材料。以鯨魚做例子，它從皮、骨、脂肪到肉，全身都可利用。同樣地，對於那些曾發生在自己身邊的事情、

事件等，也全都是你可以加以利用的可貴素材。

再談人與人交往時，會有喜歡或討厭的人。與喜歡的人相往來是很愉快的，即便是遇到討厭的人，也等於是在生活中找到了真正的負面教材。各位可以對此人為什麼有讓人討厭的人格做徹底的研究，實在是沒有比這再好的機會了。「這個人為什麼會如此失敗呢？為什麼有這樣糟糕的性格呢？為什麼會說如此缺德的話呢？為什麼總是有這樣悲觀的想法呢？」做了這樣細緻的觀察後，便會得到許多的學習材料。

如此歸納出的結論，便是諸位各自的儲蓄。我們的儲蓄不只有銀行的存款，還包含了自己所觀察的人生百態，以及所經歷的各種經驗。這是在任何時候都可以提領出來，屬於自己的儲蓄。儲蓄越多的

人，越容易成為成功者。

另外，需要強調的是這反向思考的理論，絕不是只針對個人的問題。

每當談及反向思考的話題時，常聯想起自我實現的問題。這兩個理論當然有相同之處，但是，反向思考論不單是為了自我擴張而使用的理論。要分清楚，這絕不是為了易於自己生存的理論。

反向思考理論的基礎到底是什麼呢？如上面所列舉的鯨魚一樣，被創造的及其一切，絕對沒有無用的東西，這是思考方法的根本。但是，人類在生存的過程中，對所遇到的人生問題，會發牢騷、怨言、出現欲望等。於是，世人逐漸形成了世間難於生存，或任何人都是惡人的負向心境。

否定這種想法是反向思考的前提，認識不到這一點，就不可能做到反向思考。

我們所居住的世界不是偶然形成，世間是在巨大的善念、聖念之下被創造出來的。在現實中，的確存在著各種問題，存在著惡，但是這絕非天意。

人們生活在這樣的環境中，所感覺到的不順利到底是什麼呢？痛苦的是什麼呢？不就是因為不相信世間是如何被創造的真相才導致的嗎？不就是不能理解是佛的完美之願所創造的、由佛的善念所創造才導致的嗎？才仍在誤解或曲解嗎？這些是思考的根本。如此去分析的話，思考方法便會轉變。

人首先要承認：「原來自己是在評價世道、評價人或是評價自

己的命運。只是從考慮自己的利害與否去對待善和惡，總是看到不利的一面，埋怨這世道如黑暗的地獄。但是從根本上看，世間是佛創造的世界，相信這個世界是美好的，即是出發點。如果自己不能這樣思考，就是在誤解和曲解。」

這樣考慮，便會對自己的觀察方法和思考方法提出疑問。如果是以善為前提，就不會認為眼前的環境對自己不利。如果不這麼想，那就是判斷上出了問題。如果能夠將賜予的一切事物、以及讓我們能夠生存的世界上之種種，都當成是自身靈魂的營養劑，那麼將不會有無用之物。

6 與自身之「業」積極對決

各位，我們生活在佛神創造的世界中，這是第一大前提，其次引伸出下一個前提，這就是眾所周知的「輪迴轉生」的法則。

人類為了做永遠的靈魂修行，會不斷地於世間轉生，當能夠從這個角度來看待磨練時，這個磨練的意義就不同了。當能夠以輪迴轉生或永恆的生命為基礎去思考時，眼前的事必會得出完全不同的結論。

當你面臨煩惱時，這就表示你正在面對「人生習題集」中的一個課題。要試想：「現在自己所面臨的靈魂修行，有其重要意義，這可

有趣了，真令人振奮！」

拳擊手在登上擂台之前，或許會披著毛巾對假想敵做揮拳練習，但是，只有練習是不夠的。比賽開始之時，終究要放下毛巾，在裁判呼喚後必須登上擂台。這時即使想去廁所也不行了，這已是非迎戰不可的時刻了。

所以，現在所處的困境，就像是為了參加錦標賽，像美國電影「洛基」（Rocky）所描繪的那樣，經過一個月、兩個月或者半年的練習，終於登上了擂台。正是為此才轉生而來，不，比這次轉生更重要的是在轉生之前，經過了幾十年或幾百年，在實在界某處修行，並許下誓言：「請看著吧，這一次我會出色地完成修行。」然後轉生到地上界來。光看這助跑期，至少也花了幾百年，也有花了更長時間

的。累積了這麼長的賽前練習，才得以在錦標賽中上場。

此時，對登上擂台還有什麼好說的呢？已無退路了，只有拿出勇氣、毫不顧慮地將對手擊下擂台。

對手如果是人，在被擊中後確實會感到疼痛，但實際上並非如此。在各位面前看似問題的東西，只不過是海市蜃樓。這些以問題的形式、煩惱的形式所呈現的，終究只不過是各位本身的「業」而已。在擂台上與之決鬥的不是他人，正是自身的「業」。所以，不將其擊下擂台是不行的，這就是今世的使命。

這是從另一個觀點來說明反向思考，是從熱情、熱忱、熱心和勇氣的觀點說明。

若要問在登上了擂台後，應該想些什麼的話，那只有振奮起來，

因為自己正是為了這個時候而累積了長期的賽前練習。如果在這時，還在擂台上說自己頭腦不好、環境不好，或是父母不好、兄弟不好或者貧窮等等的話，那就相當於雙方走上擂台，四拳相碰、四目相視的時候說：「我沒有怎麼練習，腿還僵硬著呢，從昨天起腰就很疼……」、「從昨天起腰就疼得不行，肩腫腳軟……」、「我本來就沒有什麼肌肉，也沒有韌性。教練也差勁，完全沒教我，這次勝負無關緊要，反正觀眾也都認為我會輸的……」對如此辯解的人，對手僅有一句話可說：「你在胡扯些什麼？」然後狠狠一拳將其打倒在地。

上了擂台後，還去暴露自己的弱點是不行的。必須牢記，在與自己的「業」決鬥之時，切不可暴露自己的弱點。如果有不利的條件也不可說出。不說出來，是不讓對手知道自己的弱點，即使體重只有一

百四十磅，也要像有一百六十磅的氣勢挺起胸膛。反過來，要使對方感覺到與自己有著二十磅的差距，有可能會被自己給打倒，要把所有方面都往好處想才行。

7 正確對待他人對你的評價

或許有許多人對自己的身材懷有自卑感，認為自己身材是很完美的人，更是少之又少，據說連瑪麗蓮夢露也覺得自己的個子不夠高。任何人都不可能會有十全十美的身材。所以，總是對身材懷有自卑感的話也無濟於事。

在上班族的世界中，有一句很忌諱的話：「你夠帥喔！」這看似被稱讚的話，其實是暗示自己已無發跡的機會。據說，當有人向你說這樣的話時，表示一切機會都沒有了。這是為什麼呢？會發跡之人，

當然工作能力強，在別人看來就已經很有氣勢了，如果他長得帥，便會氣勢如虹、如虎添翼。但這會引起什麼結果呢?當然是被周圍的人嫉妒，或被排斥、被扯後腿，所以難以出人頭地。

長得帥但沒有工作能力的人，是不可能發跡的。如果能發跡的話，想來必是靠長相吃飯的世界了。在這樣的世界或許有可能發跡，但是一般上班族，長得很帥卻沒有工作能力，是不可能發跡，這是因為能否升遷並不是由女職員、追求者投票決定的。反倒是第一印象不是很引人注目的人，反而會發跡。

如果可以的話，請各位拿出一張紙，把現在的煩惱全列舉在紙上，能寫出多少呢?我想既有身材的煩惱，也有精神上的煩惱吧!但是，要寫的話，一般也只能寫得出二、三十條吧!如果能寫出一百、

二百條的話，可以算是天才了。一鼓作氣地寫寫看，是否能有一百條身材方面的缺憾，有百來條精神上的缺陷、內心的缺陷等，請嘗試一下。然後，對此想一想，真的是如此嗎？

如果是女性，一定有人會對自己缺少女性魅力而煩惱。但缺少魅力就真的那麼不利嗎？倒也未必如此。

因為太有魅力而在應徵工作時落榜的，也大有人在，她們的姿態會使人感到：「她在學生時代是過著怎樣的生活呢？」結果多是不被錄用。反之，那些不具魅力而獲錄取的合格者倒是很多，就是這麼一回事。如果有一位贏得校園美女冠軍的人來應徵的話，結果多半是不被錄取的。「進公司後不用一個月肯定會出問題，還是不用為妙。」主管通常會做出這樣的判斷，這類的事情不勝枚舉。

所以，要好好地想一想，對自己這些不利因素的主觀判斷，到底是對還是錯？自己所看到的煩惱，是不是也會是一種強項呢？看到這有益的一面之後，就有必要朝這方面努力去嘗試，便能夠出現無限的可能性。

8 規劃出一百二十歲的人生計畫

一定有不少人為自己的頭腦不好而煩惱，也有人說到幸福科學來才發現自己的頭腦不好等的話語。

一旦認定了自己不中用的話，也就不會有更大的發展了。

有自知之明，能夠察覺到目前的自己已到了極限，也是很重要的教育。若能察覺到自己何處不足時，就會發現到如果繼續努力的話，就必定會產生價值。於是越努力就越快樂，越努力就發現處處都是學習的對象，越努力就越是有趣。

我已經出版了一百多本書（注：截至二〇二一年十月，出版著作已經超過二千九百本），但也有人僅僅是讀了一下就全部記在腦子裡了吧。從某種意義上說，這樣的人很可憐。人生的樂趣一瞬間就結束了。另一方面，有不少人為了讀一百幾十本的書而制定十年計畫，這真是讓人佩服。

每年出版的書比能讀的書還多，最初制定的目標要不斷地提高，想想就得活得久一點。也有人認為，如果作者歸天的話，他可能會趕上，所以如果等我死後再活二十年，也許就能讀完了。那樣的話，比早死的人划算。

特別是，五十、六十歲的中年人，在公司的工作生涯也即將結束了，希望你能重新考慮一下自己的生活……。

人在退休後，應該對自己的生命再重新做考慮。而許多人會很悲觀地將往後的壽命看成只剩下五年、十年，認為反正只剩十年左右，已無可作為了。

在這個時候，應該要斷然地下定決心延長壽命，人生的計畫應該規劃到一百二十歲左右。所以，我要特別對壯年階段的人說，請各位規劃出一百二十歲左右的人生計畫吧！

如此一來，便可以清楚下一步要做的是什麼。

譬如，現在是六十歲，那麼到一百二十歲還有六十年。在往後六十年間，不可以像現在這樣漫無目的的過日子。

首先面對的十年是像幼兒般的時代，其次的十年是少年時代，接著是青年時代，到了九十歲左右就應該是戀愛的時期，之後便是百

歲，這段期間應有著各種變化。

在九十歲這樣「青春」的時期去世的話，有什麼好後悔的呢？我看沒有任何值得後悔的吧！

也因此，對於那些認為「未來很短」的人來說，如果你想教他們如何反向思考，那就制定一個直到一百二十歲的人生計畫。

那麼，即使是一個六十歲的老人，也還有六十年的時間。到我打算離開地面世界的時候，如果再不改正，只剩下不到五十年的時間，所以我可以比那多活十年以上。各位可以聽我所有講演的ＣＤ，閱讀我所有的書，並且可以在學習後離開地上的世界。

請思考自己目前的年齡並做更長遠的計畫，我希望你做這樣的人生規劃。

9 付出努力可使壽命延長

努力可以使壽命延長，一般來說，壽命的長短不是百分之百不變化的。在人生中會安排有做為章節的曲折點，這是預定好的。

在五十五歲、七十歲、七十五歲或者八十歲等時候，在各種地方都會有章節曲折點。

但是，這只不過是類似天氣預報，有百分之八十的可能性，或者有百分之五十、六十左右的偶然性，並不是絕對的。在這曲折點上，如果發生思想性的變革，壽命便可以得到延長。

如果問壽命被延長的原因是什麼，那便是此人尚有存活於世間的理由。

如沒有存在的理由，便會離開世間。反之，是會被容許在世間繼續生存。要延長壽命的人，必須創造出自己生存的理由，最大的生存理由，就是上了年紀仍有工作等著。所以，要對此做好計畫，要有這種發想。

我也想提醒壯年人，當做了一百二十歲的人生計畫之後，自己的煩惱會隨之消失。明確必須要做的事情，依序完成，即使在途中倒下去，只要有在來世再做修行的意願就好。

所以，青年人一定會為了還有將近一百年的時間而躊躇，到底要如何運用呢？如果不做出各種計畫籌備是不行的。不過，一個計畫要

花費近百年的時間也未免太長了。

因此，青年人免不了必須要去編造複合型的人生和複線型的人生。為了百年人生的幸福，必須做出各種準備。單色的煙火是沒有意思的，重要的是必須準備兩種、三種、四種，多準備幾種，佈設未來腳下的基石。現在播種下去的，終將在三十、四十、五十、六十歲開花。

如此一來即可成大器，這也是一種教養。

教養不是當下要用便可以找到的，這樣不能說是有教養。所謂教養，在將來也許有用，也許無用，但是，那確實是為了自己而不斷地吸收營養，踏實地學習和掌握知識的工具。為此，必須做出宏大的計畫。

如果這樣的學習，或者是各種教養或經驗的部分，在現實中不能發揮作用，也不會使你吃虧。

若問離開世間時所能帶走的是什麼，那就是自己一生所習得的東西。即使在世間並未因此而得到什麼成果，但也可以說，這幾十年來度過如此高密度的人生，終究是得到了收益。希望各位能對這思考方法多試一試。

第三章

人生與勝利

1 當思想發出閃耀的光芒時

在這一章中，我設定人生與勝利這樣的主題。

以「常勝思考」作為這本書的一個特色，我想使它成為一本超越抽象理論的書。由於這本書本身的主題是「常勝的人生」，所以內容絕對需要具體清楚。

「那麼，具體怎麼做？什麼時候做，應該怎麼做？」——這是大家所追求的，閱讀這本書的人也在說：「該怎麼做？該怎麼解決問題好呢？」這大概是因為有一個「如何解決」的疑問，而當這個問題解

決後，絕大部分的煩惱都會消失，下一步則是更加積極地推進人生的階段。

因此，我們絕不能在思想上，或者在佛法真理的內涵上，討厭主題具體的東西，也不能把其看做低級的東西。即使主題是具體的、淺顯的、非常熟悉的題材，如果真的能拯救人們、使人們幸福的話，那也是應該高興的事情。

我並無意單純為了高水準的思想而做爭辯。終究，我相信，只有當這些想法中的每一個都具有真正拯救眾人的力量時，這些想法才會發光。

在這一章中，我思考為了勝利的人生，需要學習什麼樣的主題？必須克服什麼樣的障礙？並幫各位建立具體的想法。

我想依次談談這些問題：「健康生活的方式」、「豐盈財富的形成」、「伴侶與家庭」、「轉變命運的相遇」，最後是「精神上的遺產」。

如此一來，即便不能完全掌握勝利人生的方法，但至少可以取得基本上的勝利，不是嗎？

另外還有，取決於我們能執行多少這些內容；或者，以這些內容為支柱，在支柱周圍如何發展出繁盛的枝葉是很重要的事。

2 健康生活的方法

① 心被肉體的條件所束縛

我在一百多本著作中（注：截至二〇二一年十月，出版著作已經超過二千九百本），嘗試從各種角度談論心靈的問題，而且，也談到超越個人之心的「大宇宙之心」的問題。即使有各種大的課題，其出發點仍舊是在個人之上。

在考慮個人的問題時，即使人們本來是靈魂，但是，也不能否

定現在依舊生活在這個三次元世界的事實。即使本來是實相世界的居民，即使這是本來的姿態，卻無法否定目前正生活在這世間的事實。在世間生活，就是要選用適合於世間生活的存在形式。

這種存在形式是什麼呢？就是要透過這所謂的肉體來表現自己。不管是多麼高層次的靈魂，除了透過肉體來表現自己之外，再也沒有其他表現方式了。

僅是以光的形式，是無法在世間運作的。即便以光出現在世間，要想用口說話、以目光接觸人，或者寫出頭腦中所考慮的東西，無論怎樣，不透過肉體是無法表達的。

所以，這一部分非常重要。幸福科學提倡不應該否定肉體本身，也不要說因為原本沒有肉體，就輕視肉體的作用。總之，立足於三次

元，應該以如何去生活做為課題，所以肉體的問題不容忽視。

尤其談論到心的問題時，惡靈的問題不容忽視。大家也可能會遇到惡靈，對如何去克服，則是一大課題。此時，雖然有「反省」的有效方法，終究還是有反省之前的問題。

因為「心」不是獨立存在的，心會受到一定條件的束縛，在一定的條件下，總會體現出肉體的侷限性。這肉體之條件，如果得不到充分發揮，自己的心終究會受到壓迫，向錯誤的方向蠢動。

②駕馭肉體

所謂肉體，就如同一部好騎的腳踏車。各位剛開始學騎腳踏車

時，有過什麼感覺呢？那麼不安定的兩個輪子，怎麼好走呢？難道不會覺得不可思議嗎？

各位小時候有過裝上輔助輪後，才騎自行車的經驗吧！還記得嗎？先放下後面兩側的輔助輪再騎，這樣安裝了輔助輪的自行車，看起來好像比較安穩。

當取下這輔助輪，跨上自行車，在不安定中要自行車向前行駛是很難的。怎樣才能讓自行車平衡呢？平衡的本身就已經很困難了，何況還要向前。不僅要前行，還得環顧左右，在遇到交通信號時，不得不決定是要向左轉還是向右騎？遇到上坡時，必須克服上坡的阻力，在下坡時，也難掌握煞車的鬆緊。一想到這些，就會對這交通工具產生一種極其不安穩且危險的想法，這並不奇怪。

然而，當每天都騎自行車後，車好像變成了身體的一部分，而能自由自在地駕馭。對靈魂來說，肉體也同樣難以駕馭。原認為是一種束縛，然而，在自己的支配下，在運用自如的過程，便逐漸感覺已是自己的一部分。這與騎自行車是一樣的，如果能騎乘自如，自行車是個很有用的東西，但是，如果無法如己意操控的話，事情就糟糕了。兒童騎大人的自行車，既不穩又危險。而如果煞車裝置損壞了會如何呢？龍頭歪了又會如何呢？總之都是很危險的，肉體也是同樣的道理。

我以「人生與勝利」為題要向大家說明的是，能夠維護肉體健康的人，就是取得勝利第一步的人。這是無庸置疑的，並且肉體的健康，是操縱在每個人的手裡。

如同自行車的龍頭、煞車或者車胎內的空氣一樣，細心修繕就能夠充分的使用。然而，如果在車胎沒氣時，輕率地認為無關緊要的話，在關鍵的時刻，自行車將無法前進。在煞車不管用的時候，路上車輛稀少的情況下尚好，但在突然出現大量車輛時，則會出麻煩，肉體的情況也相同。

③管理肉體的責任在自己身上

生活中經常留意健康，肉體是可以完成本來的目的的。不健康絕不是他人造成的，自己必須對自己負責，肉體的健康管理是自己的具體課題。

有一位原本在自衛隊的軍人，聽他說有一種跳降落傘的訓練方法。一開始的訓練是從二十公尺左右的高處往下跳，接著就從八十公尺左右的高塔往下跳，隨後是從兩百或三百公尺的飛行高度中的飛機裡往下跳，在達到一定的高度時打開降落傘。

據說，保養降落傘是唯一不假他人之手的事情，是各自進行保養。這也理所當然的，萬一在高空中，降落傘打不開的話，也就性命難保了。

自己在保養上如果出錯而不能打開傘的時候，則是自己的責任。如果委由他人保養以致打不開傘的話，想在半空中抗議也來不及了。用這降落傘來當例子或許感到好笑，但事實就是如此。

如果以此來比喻的話，可以說人是靈魂，而降落傘的部分就是肉

體，有了損壞或者不能打開時是不得了的事情。在靈魂的修行中，肉體所出現的障礙、重大的毛病，事實上都是一種考驗。不管是否曾預想過，那都是很大的考驗。自己要對自己的身體負責，不應該讓自己的肉體去承受風險，否則，會使心產生不良的影響，追根究柢都是自身的問題。

這與每個人來自哪個靈界的次元，是沒有多大關聯的。即便是光明的菩薩，輕視了肉體一樣會生病，因為這是一個法則。這就如同世間的法則，車胎被釘子刺入就會洩氣一般。肉體必須兼顧適當的休息並給予營養，不這樣做是不行的。

不能因為職業棒球選手有非常強健的身體，就讓這個投手每天都當先發投手上場，這樣的話，不用一年，此人也許就不能再當棒球選

手了。

雖然每個人都能明白這個職業棒球之例，然而，具體看待個人的情況時，就變得難以理解。自己的肉體能夠承擔多大的工作量？需要何種程度的休息？要進行怎樣的休養，才能有最佳的發揮？這些在學校是學不到的，老師也不會教。凡事都要由自己負責，與心的問題一樣，肉體的管理也是要由自身負責。

④心與肉體的關係

這方面的事，原則上是沒有人指導的，必須要靠自己的關心與管理。譬如，有不少的老年人好發牢騷，人過六、七十歲，牢騷就變多

了，而且容易患憂慮症，擔心未來，或為過去的事情苦惱。

你也許認為這只是心的問題，不用說這的確也有心的問題，但是為什麼隨著年齡的增長，會變成這樣呢？肉體的虛弱就是其中很大的原因。

首先，是骨骼退化。骨骼退化後，便難於行走而不自由，於是便會累積對周圍的埋怨，進而發牢騷。有這樣的牢騷，別人的心情也會變差，結果便引發家庭不和。

原來是很單純的事情，只是因為到了退休的年齡，身體沒有活動，而發展成為心的問題，進而影響別人，造成家庭中的不協調。只因為離開了工作，運動量減少，而個人又沒有想到要去克服這方面的不足，所以便造成了不良的結果。

與此相同的事情，也可以在女性身上發現。有飲食過量的人、也有得了厭食症而不吃的人，儘管各有不同，我認為她們都是忘記了中道的生活方式。為了想吃蛋糕，連飯都不吃，整天全是蛋糕、蛋糕。以為每天能夠吃到兩個大蛋糕便是幸福，所以不吃飯，吃完蛋糕後卻拚命地減肥，漸漸地，身體的狀況逐漸變差。即便會變得如此，也有寧死不懼，而甘願吃蛋糕的女性。

也不是說不能理解這種心情，但是，人還是要知所節制。這樣下去，身體不垮下去才怪，這是自作自受，光吃蛋糕是無法生存下去的。對人體來說，營養必須要均衡才行。

巧克力吃多了會蛀牙，別人無法為你負責。這不是佛神的責任也不是別人的責任，而是自己的責任。

所以，就有必要對肉體進行管理。尤其是要運動，這是沒有人可督促的，沒有人會告訴你如何在現有的環境中運動。要知道身體也是財產，要做保養。在個人所處的環境中，在可能的範圍內，是一定能夠做得到的。如此一來，心也會變得堅強起來，身體強壯，心也會相對地得到強健。

所以，精力好時，要保持住光明思想；精力不足時，則要進行反省。一般來說，精神上躁動之時，很難進行有效的反省。在飄飄然、奔走四方的狀態下，是不容易進行反省的，這樣的時刻，要以光明思想處世。在稍有憂鬱狀態時，再進行反省。這樣做下去會逐漸地熟練，請各位將光明思想以及反省，與健康的管理一同認真地加以思考。

3 豐盈財富的形成

① 關於宗教性的人格

在具有宗教性格的人之中，有許多人將財富視為一種罪惡。他們有一種不可持有財富的意識。這一點，佛教人士如此，基督教人士也同樣。

由於每個人對財富罪惡感的程度不同，也就使人們的貧窮程度出現了相對應的差別。如果強烈地認為持有財富之人將無法進入天堂之

門的話，此人是絕不可能成為有錢人的。

可是，僅是如此倒也還好，比較糟的是，自己不能成為有錢人，便怨恨、嫉妒或批判有錢之人，內心開始變成地獄。這是自己束縛自己，產生不協調之例。

對金錢或其他的財富保持無欲的態度，兩袖清風，這也許是一種美德。然而，一見有錢之人，便開始說「你會下地獄」等話語，自身心中便產生「烏雲」，不斷擴增心中地獄的領域。所以，一旦產生了束縛自己、批判他人的傾向時，就需要當心了。

還有一個議題，就是異性的問題。在金錢和異性方面，對有宗教性人格的人來說，是很容易走上岔道的，甚至會有人深信一結婚便要下地獄，甚至也有趨於去相信此說法的人。雖然不知哪種人多，但這

種人的確是存在的。

②將財富做為獲得幸福的方法

我認為重點就在於此。想一想為什麼會有所謂財富的問題呢？當然，這是包括金錢和金錢以外的資產等。

在實在界也有所謂富裕的表現形式，但絕不會有貧困。富裕的呈現是多彩多姿、多元化的，清心之人其願望易得以實現，實在界的人們都生活於富裕之中。

可是，在三次元則不同了，因為沒有恰當的形式來表現富裕，所以使用金錢來作為一定程度上的表現，當然，別的形式也可，只是做

為一種表現形式，才出現了金錢。重點是要以如何的心境、動機來運用這個金錢。

譬如，某團體打算建造講堂或是會議廳，而需要資金。如果將資金投在建造這類建築物的話，會產生什麼結果呢？這個團體可以在此召開各種會議，而且，在空檔時間還可以租給他人，提供很多的方便。可以說，這是一種用資金創造空間之例。

那麼，空間產生之後又會怎樣呢？人們有了活動場所，隨後，便會帶來喜悅，會產生幸福。我認為，這樣使用財富不但可以創造出空間，結果又能與喜悅相連接。

在財富方面受挫折的人實在很多。如果真正希望這個社會轉好的話，真正有正直之心的人，就必須傳授財富的使用方法。財富的形

成，必須有利於心朝向正確的方向發展，如此，社會才會好轉。重要的是財富必須朝正確的方向，朝建設烏托邦的方向流動，成為讓更多的人能夠獲得幸福的一種手段。

③不可因自身貧窮而忿忿不平

在此，我想說的是不能強迫每人都有一樣的信條。所以，認為清貧、兩袖清風是好事，其本身是沒有什麼問題的，將清貧作為生活的信條，當然也可以，也有這樣的生活方式。

但是在這種情況下，要警戒自己不要去羨慕他人，請務必在這方面自律。甘願清貧，是個人的自由，但是絕不能以此做為對他人的裁

決。人有各式各樣的生活方式和思考方法，自己以清貧為榮，但是絕不能將此強加於人，更重要的是，不要羨慕或嫉妒他人。

如果將以清貧為榮之心轉變為嫉妒之心，這個所謂的貧窮便是惡。假使貧窮使心不受物質的牽掛而變得清爽時，貧窮才是善。但是，若貧窮反過來讓心產生對他人之物質的羨慕和奢望，使心中產生烏雲，這貧窮就是惡。

如果在自身或身邊發現了這樣的惡，就要與其相抗、去克服。假使貧窮束縛了自己，憐憫自己，並且羨慕他人、嫉妒他人，就必須努力去克服。

儘管也有人因為資產過多而煩惱，但是，與身無分文或者負債累累相較，畢竟還是手中握有大量的資金，較容易得到心的協調。

常言道：要有不為金錢操心的財富。可以說，這是一個原則。我認為這種程度的財富，終歸是善，讓人能感到自由的金錢，畢竟是善。如果對此不敢肯定的話，則會過著羨慕他人的悲慘人生。

如果想過清貧的生活，便不要去羨慕他人。假使自己羨慕他人，就要努力擺脫這種貧窮，應該明確設定自己的目標。如果，以一定的富裕為目標的話，就必須付出相對應的努力。

④財富形成的三個基本原則

第一點原則是古今不變的，即「節儉」，就是要節約、節省和避免浪費，這是出發。如果過著浪費、胡亂花錢的豪華生活，即使財富

再多，也會逐漸減少。

家族的第三代為何總會破產呢？原因就在於此。俗言說：「第一代創業，第二代發展，第三代敗家。」這是因為在一般的情況下，生活水準變高，便容易忘了努力，若加上鋪張浪費的話，就會走下坡，企業家的家業均是如此。

首先，節約和節省是第一條原則。

但是，倒也不是要吝嗇。非常遺憾的是，錢財是不會拜訪吝嗇之徒的。不是說要吝嗇，而是要避免浪費。對自己的福運、對自己的金錢，懷著節約的態度很重要。

第二點原則，即「財富是朝著知道使用方法的人之處集中」的。財富不會積聚在空曠的田野上，而是朝知道使用方法的人之處集中。

銀行之所以能夠匯集存款，是因為銀行知道如何運用金錢，人們明白這一點後，金錢便會集中而去。同樣，在個人的層級上來說，財富也終究是會朝知道如何使用的地方集中。

譬如，當開始打算建造房屋時，便會想要努力增加收入，或者說孩子很多，想讓他們全都上大學，雙親便不得不增加收入。

因為財富是會往知道如何使用的地方集中，所以如果自己想致富，就有必要讓財富的用途明確。先是明確財富的用途，接下來就要考慮需要有多少資金。不需要錢的人，是不會集中很多錢的。即使有些儲蓄，也是有限的，錢財會集中到具體想興創事業的地方去。

在日本，財富四處洋溢，這些財富正在尋找使用者，而且這些財富會集中，就像血液一樣，會向被需要的地方集中。在日本到處都有

有錢人，但是卻不知道如何使用財富，當出現了有具體想法的人，說明在何處可以有效的運用資產，財富便會向此人流動而去。

開創事業就是如此，當某個事業一旦展開，錢財便會向那兒集中。有的來自銀行，有的是共同合資，也有的人是提供空間等，以各種形式展現出來。在此，先有致富的主意，如果這主意具備有感動人心、具備了使各種能量向其集中的力量時，錢財就會集中而來。因為，財富會朝有想法或者有熱情的人集中，所以，重要的是如何為此傾注理想。

第三個原則是「施便是得」的法則，這與心的法則完全相同。即使集中了財富，卻想獨自吞食是不行的。要時刻想到如何使他人的生活能夠過得更好、如何才能令他人更加幸福，如此使用財富時，肯定

會使財富得到循環。

只是考慮自身而使用財富時，這財富便會逐漸被消耗。但如果是想為更多的人貢獻，便會日益興旺，不斷得到更大的財富增值。

譬如，人們很熟悉的美國汽車大王——亨利・福特，就是典型的例子。

福特僅用一代的時間，便建立起龐大的財富，他是怎麼辦到的呢？原因是福特有一種強烈的願望，即他想創造一個使更多的人，如服務人員、工人、一般職員等，都能夠買得起汽車的時代，他想造就這樣的一種世界。他懷有著這樣的願望，希望能夠製造出一種一般人僅用薪資、用一年的薪水便可購入的便宜汽車。

已過世的松下幸之助也是如此，他有一個著名的自來水哲學。自

來水雖然不是免費的，但是能夠無窮無盡地得到供應，所以，即使有路過的人喝了一口你家的自來水，你不會說他是小偷，也不會說他偷水。但其實水不是免費的，所以事實上與偷水一樣。轉開別人門前的水龍頭，張口喝水，從某種意義上而言，這已構成了偷盜的事實。但是，因為實在是太便宜了，就像不用錢一樣，所以，沒有人會說這是偷盜，而且，也沒有因為水被人喝而感到可惜。

生產人人買得起的電器化商品，使其如同自來水一樣，這是可能的嗎？這就是自來水的哲學，是愛的哲學。於是，想要提供廉價商品的想法，造就了松下電器產業，這個經營利潤達數千億日圓的巨大企業。

這股造福他人的心情，會進一步得到收益，進而不斷良性循環，

這樣便會累積而形成巨大的財富。

所以，想要有無限的發展，就必須懷有施愛的心情。將愛分給他人，並非僅是把錢財給乞丐，而是要以各種形式助人。重要的是，要將財富使用在對人們有利的方向。

錢財使用的方法千姿百態，應用方法也是五花八門，但這就是根本原則。

第一，要恰如其分地使用。第二，要明確財富的用途。第三，要有著將得來的財富為他人貢獻的心情。如果遵守了這三點，財富就絕不會是地獄之物。

嚴格遵守這三個原則，財富必會成為天堂之物。希望大家能夠銘記腦海，造就財富，由此形成巨大的影響力，這絕對不是壞事。

4 伴侶與家庭

①首先創造理想的自己

接下來，考慮到還有許多的單身者，所以打算談談尋找最佳伴侶的方法。

儘管有人為了尋找「得到最佳伴侶的方法」苦惱了十年、二十年，但是，答案卻意外地簡單且輕而易舉。正與大家所預料的相反，問題不在於追求，越是追求，對方將越躲越遠。

大家或許會想，前面不是講過「努力才會有前途」嗎？不是教導過「有求才會有所得」的嗎？這是怎麼回事呢？一旦追求，即會消失而去，這是多麼無情、悲觀呀……，也許很多人會有這樣的疑問。

當然，「有求才會有所得」這是事實，「努力才會有前途」也是真理。但是，我想把話題僅限於伴侶這個問題來談。當然，如果想要結婚，是可以結得成的，這是事實。但是把焦點集中在於伴侶問題上時，越是追求對方，對方反而離得越遠，這一點也是事實。

大家看過小狗或者是小貓想咬自己的尾巴時，一直原地打轉的情景嗎？小狗或小貓覺得尾巴很稀奇，所以轉著圈追趕想咬它，但是不管怎麼轉，還是無法咬住。尋找伴侶時，與這種感覺其實很相似。

然而，若不去追趕這尾巴，而將其拋在腦後，只管往前行時，它

自然就會跟在身後，但只要一追趕，它就會逃走。

同樣的道理，所謂伴侶，實際上可以說有如自己的半個身子，這是與自己有密切關係的一部分。想追趕時，卻會逃走，自然地往前時，便會尾隨而來。答案就在這，儘管有些不可思議，但這個比喻卻恰如其分。

以下想闡明兩點。第一，「造就一個能使對方感興趣的自己」。每個人都有各自的理想伴侶，有這種理想，首先就得先造就自己，使這理想的人出現在眼前時，會主動地提出「我想跟你結婚」的要求。

追求自己理想的對象，不是先決條件。譬如，自己的理想是個這樣的人，將自己認為理想的條件一一列舉出來，心想如果是這樣的人，便要跟他（她）結婚，然後去追求。非常遺憾地，這麼做是難以

找到對象的。要想一想，當理想的人出現時，能夠使對方產生結婚之念，這樣的人應該是怎樣的人呢？對於努力改造過自己的人來說，理想的對象是會出現在眼前的。

為什麼這麼說呢？因為結婚最重要的是要恰好相配。因此自作多情，只管任性地追求理想的人，即使四處尋找也是徒勞無功。當理想之人出現時，如果不提前將自己改造成與其恰好相配之人的話，即便真的出現，也會擦肩而過，就像新幹線一樣，飛馳而過。

因此，追求理想之人，將此描繪在腦海是可以的，但是要深思：「當這個人出現時，自己該怎麼做呢？」

譬如，將模樣很帥的電影明星當做理想對象，並去觀看這位明星的演出。然而假設這位明星突然出現，向你打招呼，並用手拍了你

的肩膀，這時你會怎樣呢？不會心慌意亂地逃走嗎？如果這樣，那就絕對不可能與你結婚的。當符合你理想的對象出現時，自己卻慌慌張張、羞答答地溜走，如此是絕不可能結婚的。如果你不去改造自己，一旦有符合條件的人出現時，可能就會這樣錯過了，這個重點的確不能被忽視。

從女性的角度來看，這是自然而然的。對男性來說，工作上的自立是極其重要的，最重要的是工作、終其一生的工作。自己能靠這工作，以這樣的方式便可生活下去，在經濟方面也要有餘裕。除此之外，對未來做打算也是極為重要的。

有為數不少的男性三番五次地相親，都不成功。這樣的人以為自己與對方不投緣，認為沒有與自己相配的對象，或者沒有理想的

對象。但其實卻不是這樣，而是因為缺乏對自己客觀性的評價，不明白自己應該和什麼樣的人交往。於是，這也太差，那也不行，忽上忽下，費盡心機，結果卻一無所獲。

如果明確了未來的目標，不可思議地，相配的人即會出現。「無論自己在什麼公司、從事什麼事業，無論是在什麼地方，只要能夠有所作為，將來逐漸就會向這個目標轉變，現在收入儘管不多，但日後一定會增加。」如果能夠如此調整思緒，滿懷熱情，對象肯定會出現。

如果覺得現在這個公司沒有意思，想盡快辭職而三番兩次地前去相親，這是絕對不會成功的。有著想辭掉工作的念頭，但是，辭了工作又無法結婚，所以想在辭職之前先結婚，然後再辭職。以這樣的想

法去尋找對象，會難上加難，事實就是如此。

不管是男還是女，從出發點說，首先要創造一個當理想對象出現時，能夠恰好相配的自己，這是最重要的要點之一。

②能否深入理解對方

儘管結婚時有各式各樣的條件，但是最重要的是「能夠理解對方」，這是最優先的條件。

可以列舉出多種理想對象的條件，如：美不美、長相好不好、身材高矮、胖瘦如何、有沒有聘金、有無學歷等，在這麼多的條件中，什麼是重點呢？

我想各位是很難弄清楚的，不知道該如何是好。頭腦雖好但是沒有錢，長得很帥卻個子太矮，或者儘管人長得很美卻頭腦空空，真是五花八門。越和別人商量，就越糊塗。

徵求A先生的意見時，說是長相好就行；找B先生一打聽，說是氣質最要緊；再問一問C先生，則說賢慧比較重要；向D先生求教時，卻說首先要有好的家世，真是越問越糊塗。

若找到了能夠滿足全部條件的人當然很好，但很遺憾的是，這樣的人不可能成為自己的對象。到頭來不去選擇缺一少二的人是不行的，必須要做最後的取捨。

如果要我來建議，我認為能夠相互理解是最重要的。不管怎麼有錢，即使有很多聘金，錢一用完就會沒了；即使長相好，如果每天見

面，也會逐漸厭煩；原本認為性格比較重要，結婚之後才發現也有不少缺點。

到頭來，剩下的是什麼呢？我認為是能夠相互深刻的理解。若能互相理解，二十年、三十年、四十年都能相處安好。若完全靠外表或者客觀條件做為目的，當失去平衡時，夫婦之間就會出現裂痕。當然也有在結婚時的條件很好，但不久後出現破綻的情況。

譬如說，某人是一流大學畢業，頭腦很好。但是結婚之後又是如何呢？學生時代雖苦學過，可是出社會後，除了喝酒以外，不學無術。星期一到星期五每天喝酒，就好像酒鬼一樣，一直紅著脖子。妻子肯定會覺得，怎麼會和這樣的人結婚呢？的確，是與一流大學畢業的傑出人物結了婚，但是，他的脖子總是像紅銅一般，甚至全身通

紅，酒從未斷過，早上也是紅著臉去公司，這樣的事情有時會讓妻子感到心灰意冷。

　　這是在結婚前後不同境遇的例子，簡單地以為只要頭腦好就行了，然而腦袋與學歷是不能畫上等號的。真正有才智的人，不一定是高學歷。儘管說二者有一定程度的相關性，但絕不是百分之百，有六、七成的相關也就不錯了。

　　其次，便是此人的內心是何種傾向了。有才智慧根的人，假使學歷低，也會經由學習漸漸地成為有才智的人，到了三十、四十、五十歲會逐漸成為有才智之士。而相對於年輕被強迫學習的時期，儘管腦袋很管用，但是對此確實沒有興趣，也就像剛才所說的，整天只是紅著臉過日子的人，也只能以這樣的行為消耗一生。二十二、三歲時也

許頭腦聰明，但是到了四十歲時，卻完全變成了另一個人。

所以，儘管有各式各樣的條件，但若只能從中選擇一條時，對女性來說，應該考慮自己能否理解這個男性，能否深入瞭解對方，能否理解這個人的人生觀？能跟這個人一輩子過生活嗎？對此應明確地深究到底，這樣婚姻的成功率才會高。

而男性則要想一想這個女性會怎樣認識自己，對自己的工作、人生到底能理解多少？僅僅是表面的理解？或確實是能夠深入理解？要認真考慮一下對方是否有很強的理解意願，這樣結婚成功的可能性才會增高。

綜上所述，尋找最佳伴侶的方法，可列舉出兩條：

第一條，不要盲動追求。先要創造一個在理想對象出現時，能讓

對方主動想求婚的自己。

第二條，彼此理解的重要性。是否理解對方？能否被對方理解？

③ 密合的家庭是逐漸形成的

再來談談有關建立家庭之後的維持方法。

有人在結婚時雖然很幸福，後來卻遭受挫折，而導致家庭破裂。最容易遭受挫折的人，是什麼樣的人呢？這種人有這樣的想法：認為男女就像鑰匙和鎖一樣，假使能與正好相配的人結婚，便可獲得幸福，與不相配的人結婚就會不幸。就像這樣，在一定的程度上把人看成了物品，其失敗的可能性便會增大。

如果某人認為一開始就和A先生結婚的話，就能夠讓自己幸福，但當時自己錯誤地與B先生結了婚，才導致了現在的不幸。有如此想法之人，家庭生活一定會在某時出現裂縫。

能夠恰好與自己相配的人，是逐漸創造出來、慢慢形成的。不會剛好就有一個恰好與自己相配之人在那等著你，與你結婚一起過一輩子。密合的家庭是逐漸形成的，是在彼此互相寬容、忍耐之間造就出來的。

所以，在考慮某人是否與自己相配之前，應該經常考慮自身的努力是否足夠？觀察問題的方法是否不足？是不是還有努力的餘地？是否還欠缺什麼？要逐步改善創造。女性必須從女性的角度出發，努力跟上對方，男性必須從男性的角度出發，向理解女性的方向努力，各

位務必要重視這種思考方法。

意外的是，完全不相配的人是不多的。到了一定的程度，只要努力是能夠克服不足的，儘管會出現幾次危機，但只要在危機之時好好努力，動動腦筋是可以克服問題的。因此，切記努力。

5 轉變命運的相遇

①與貴人相遇是得以飛躍的關鍵

我想，本書讀者的年齡分佈應該是很廣的。在不到二十歲的人當中，曾有過命運轉變之人，恐怕也只有一、兩個吧！也或許完全沒有這樣的人。當年過三十、四十、五十歲，隨著年齡的增長，回頭過往，便會果斷的回答，人生中總有幾個轉折點，在這些轉折點上，一定會有影響自己命運的人出現，而改變自己的走向，或者在分岔路上

猶豫不決，在無法決定到底應該向左或者向右前進之時，一定會有人出現，冥冥之中指引你的航向。

實際上，與某人相遇之後，命運因而改變的例子還不少。

當然最好的是能夠遇見使自己命運好轉的人，但是，相反的事情也是可能的。由於與某人相遇，使自己的命運轉壞也是有的，上當受騙的事情也會有；接受學校老師的指導，照單全收地去實行，卻遇到失敗的人也會有。儘管會有這類事情，然而，我在此將談及的內容是正面的。

為了獲得人生的勝利，與能夠引導人走向幸運之人相遇，實在是太重要了。

在中國有「貴人」之說，即是一種在人生中出現「值得尊敬之

人」的思想。打招呼時，有這樣的客套話：「最近，遇到過貴人沒有？」這是為什麼呢？所謂的貴人，大部分是指身分比自己高或是學識淵博者、德高望重者、有財力者等，總歸來說，這樣的貴人都具有能夠使自己向上提高的可能性。說「有沒有與這樣的人相遇？」與「心情怎麼樣？」「最近如何？」一樣，有同樣的意思。

實際上這很重要，雖然我們將個人努力、精進當作基本原則，強調其重要性，但是自己一個人的努力、精進，就好像爬樓梯一樣，雖是腳踏實地的努力，而當遇到了所謂的貴人、值得尊敬的人的出現時，就相當於搭上電梯。這樣的事情，在人生中總會遇上幾次。因為搭上了電梯，所以會一下子達到與以前完全不同的世界。

換句話說，就是有能夠開拓人們命運的人的存在。實際上，是不

是有人因與這樣的人相遇，而有了完全的轉變呢？的確是有的。

在人生的轉折點上，對方說了某句話，雖然不知道對方是否當真，或是經過深思之後才說的，卻會成為自己今後的重要方針，即使此人也許已忘記曾說過什麼，但這樣的事確實是有的。像這樣的人在某個時刻，會成為掌握你命運關鍵的人。

此時能否接受建議，認真地去把握方向前進是很重要的。而這樣的人在什麼時候才會出現，則是因人而異，但是當遇見引導自己的人時，一定要珍惜機會。

由於遇到了貴人，人生便會頓然放射出光芒，出現閃耀。不管是什麼人，在人生中都會有這樣的瞬間。如果有的人說自己沒有，那其實只是忘記了，或者是不懂恩德，或者是感覺遲鈍吧！但若認真思

考，是能想起來的。與貴人相遇之時，會出現飛躍的機會，只要細心觀察有無這樣的貴人，相遇率便會提高。

歲月流逝，今年還會不會得到能夠開拓自己命運之人的建議和指導呢？如此等待，這樣的人就會出現。更明確地說，將人們引向光明的人是會出現的。這時所需要做的，就是懷著一股期待之心，要持有盼望遇見貴人的這種期待。

這樣的期待會有何結果呢？實際上，自己的守護靈會開始運作。當有期待之時，守護靈會開始為你思量：「志氣可嘉，讓我設法使你與能夠開拓前途的人相遇吧！」

這種轉變命運的相遇，有直接的，也有在自己不知道的地方默默相助的。不管是哪一種情況，總是會出現的。

人們總是在默默觀察著，總是會在某人需要幫助之時伸出援手的。讓這樣的人出現在自己身邊的條件是什麼？讓自己滿足如此條件是很重要的。

②要有謙虛順從的心

第二條，要謙虛。要意識到在世上還有很多比自己身分地位高的人，遇到這樣的人時，要保持謙虛順從之心，不要錯過了能使自己改變的建議。

如果錯失了與某人相遇的機會，之後就不可以再錯過了此人的建議，絕不能放過與貴人相逢的機會。如果認為眼前之人是一位「幸福

的女神」，就絕對不要錯過這機會，要珍惜這機會，把它變成使自己成長的良機。

這種轉變命運的相遇，是人生中的花朵，希望每人都要重視這真正閃耀的瞬間，屆時將是重大的命運轉換期。人會因為他人的引導，而改變人生。如果認為這都是靠一己之力，那才真是天大的誤會啊！靠自己個人的力量是絕不可能辦到的，不要忘記這謙虛、順從之心。

各位也許認為在「人生與勝利」這個主題上，我可能會多講一些獨立自主的觀念，但是，上述才是獲得意外勝利的真正之路。

所謂機會，是來自於他人，當很多人想去扶助他人成功時，想不成功也很難。但是，當有許多人努力來阻礙你成功時，想成功則是難上加難，說實在的這需要巨大的努力。假使得到他人的幫助和援助，

便能順水推舟，輕而易舉地取得成功。

所以，單靠自己的力量是很難成功的，能得到眾人的幫助，才容易獲得成功，此點相當重要。

③要有感恩的心

我目前到達的這個境地，如果說沒努力那是說謊，然而儘管自己做過一些努力，但也還得加上得到許多人的協助。比這更為重要的，我想是因為得到了天上界諸高級靈的協助。

用通俗的話來說，也許可以說是「運」，但是對於那些知悉靈性世界的人來說，「運」一字是無法一語道盡的。因為這些人清楚眼

前的結果，並非是單純的因為「運」，而是得到了來自靈性存在的協助。我們在現實中得到協助，所以獲得了幸運。

因為我認為，持感恩的心是至關重要的。在命運轉變之際，更不能忘記感恩的心。

想要讓命運得以轉變，首先要真心誠意地去追求和期待。第二，要謙虛地持有順從之心。第三，必須懷有感恩之心。

我認為，如此一來命運就會轉變，也會綻放出真正的光芒。

6 精神遺產

① 精神遺產——德

接下來我想談談「精神遺產」。

到目前為止，第一是「健康生活的方法」，第二是「豐盈財富的形成」，第三是「伴侶與家庭」，第四是「轉變命運的相遇」。依據如何閱讀它們，我認為它們可以被視為一種成功理論或成功指南。

從「人生與勝利」這個主題來看，我想還必須超越世間的成功這

個部分。我認為，人生還必須考慮追求超越世間的成功，如果缺乏這個部分，就不能說獲得了人生真正的勝利。

那麼，超越世間的成功指的又是什麼呢？

我常說有「貫穿世間和來世的幸福」，有一種能夠帶回到來世的幸福。能夠帶回到來世的幸福又是什麼呢？這是極精神性的。如果換句話來說，也許可以說是不屬於人世間的心之寶物。

對於已接觸到佛法真理的人來說，如果僅是得到了人世間的成功，而沒有把握更大的精神性遺產的話，那就枉然了。這種思想我已在多本書中介紹過，相信許多人曾學習過了。

在此，我想不厭其煩地再說明一次。這個精神遺產，也許聽起來很抽象，如果換句話來說，那就是「德」。大家生下來都具有才能，

在轉生之時，才能得以發芽。當然，暫且不談這種才能是否能夠得到發展，但至少被給予了一定程度的才能。隨後，即是如何發揮的問題了。

但是，所謂的「德」，不是生下來就被給予的。所謂的德，是在人世間、在三次元中，在人們生活過程中產生的，屬於後天。當然，在實在界的靈人、光明菩薩，不用說都具有「德」，然而，所謂的「德」並不是生下來就有。人是具備才能的，「才」是生下來就有，但「德」是不能隨身帶來的。

②產生「德」的兩個過程

那麼，「德」是從何處產生出來的呢？在幾十年的人生中，「德」是可能產生的。

產生「德」的地方有兩處。

一個是挫折當中，在失敗和逆境之中，另一個則是在成功的過程中，這也是「德」最容易產生的地方。

當然，在其他地方也會產生小「德」，但作為人生中的紀念碑而留下來的「大德」，是在這兩個地方產生的。

首先，為什麼在挫折或失意的逆境中，能產生「德」呢？

在逆境時，普通人常會抱怨不如意，難道不是這樣嗎？

大多數人在失敗之後，便會說運氣不好，或埋怨環境太差、抱怨別人等，也有些人會責怪守護靈。有很多人在逆境或挫折時，是無法忍受這種重大壓力的。

然而有些人其心之程度略高，不但能忍受逆境的壓迫，還能接受逆境。這承受逆境而能忍耐的人，其程度或許是在平凡的人之上。

另外還有一種人，即使遇到一些風波，也會樂觀開朗努力生活，這是更高一層次。

但是，在逆境中，怎樣才算是偉大的人呢？那就是能夠掌握「常勝思考」的人。

在逆境中最好還要能讀取天意。然後，體會這種逆境、這個挫折對自己到底有些什麼啟發？

理解這種天意、天之心，觀察自己尚缺乏些什麼？到底這挫折和苦難要告訴自己什麼？理解這部分之後，將此應用於自己今後的人格改造之中，運用於今後成功原理之中。有這種體驗的人，便會產生「德」，煥發出非凡的力量、非凡的光明。

僅僅忍受苦難和失意，雖然非凡，但是真正非凡的人，就是在其中讀取天意，發現使自己能夠進一步得到發展的積極種子，使這個種子得以開花，這才是屬於真正的非凡，這樣才會產生出「德」。

另一個產生「德」的過程，就是在成功的時候。

能名留青史的人，都是某時某地曾有過成功經驗。此人無論連續失敗多少次，但最終都能夠獲得成功。

亞伯拉罕・林肯經過多次的落選，在人際方面也屢遭失敗，以及

未婚妻不幸去世等各種連續不斷的挫折，但他最終還是成為了美國總統，留下輝煌卓越的功績。如果未曾任職總統，林肯可能就不會登上偉人的行列。不管經過多少連續的苦難，終究會開花結果。

總歸來說，在這開花的季節中能夠開放出花朵，卻不獨占果實的態度是極為重要的。「這不是因為我的自力才開的花，而是因為天助才得以開花。」要有這樣的認識。雖然也許澆過水，也許施過肥，但是，不是只靠自己的努力和能力才開花，花之所以能夠綻放，是因為有良種，在種子的生命中，蘊藏著盛放之力量，自己只不過是澆了澆水，增添助長之力而已。

對於天大的成功，不要歸於自己的成就。自己也許曾經澆過水，這是因為天意在此顯現的結果。不要當做是自己的成功，不把成功私

有化，便會產生出「德」。

如果將成功全都據為己有，認為是靠自力的力量、靠自己的本事得來的話，即使成功，也不會產生出「德」。

成功時不將成果占為自有，不將成功私有化，並認為：「這是靠他人的力量，或是靠天意，是偉大的守護靈、指導靈和高級諸靈的願望，是佛神的願望才讓自己有機緣得以成功。」有這樣想法的人會如何呢？

很簡單，懷有這種心念的成功之人，一定會為更多的人做出貢獻。在此，就會產生出「德」。

人生各有不同，但是，在這兩點上會產生出「德」。

「德」是後天性的，不管是多麼的微小，希望人們能夠創造出各

種形式的「德」，這是精神遺產，將來可帶回到天上界。唯有這樣，才可以說是得到了人生的勝利。

我希望人們能夠得到這種程度的經驗和體驗。

第四章

常勝思考的力量

1 結合「反省」和「發展」的理論

「常勝思考」的思考方法，是在我提倡的做為「幸福的原理」之四正道「愛」、「知」、「反省」、「發展」之中，從反省到發展聯結起來而得出的理論。到目前為止，我尚未就這兩個概念做過關聯性的講述，然而，本書所闡述的「常勝思考」，正是連結這兩者的思考方法。

如果使用光明思想來處世，便很容易產生積極的、有建設性的想法。但是它與我提倡的「反省」，怎樣才能結合得宜呢？這是各位不

容易瞭解的部分，有時要各位反省，有時又說要各位持光明思想，人格被左右搖擺，使人難以理解和選擇。

到底選擇哪種思考方法才好呢？如果請各位各取所好的話，未免就有一些不負責任了。因此，我想要以「反省」與「發展」相連結的理論，來闡明常勝思考的思考方法，使其更具理論性。

希望學習過這種思考方法的人，在遇到不知如何處理的問題而煩惱不已時，能夠多使用這包含反省和發展的常勝思考。

以往普遍的光明思想的思考方法，多是不去看黑暗面。我認為，只看光明、明亮、有建設性一面的思考方法，當然是有其相應的巨大力量，但是只看單方面，就難以進行反省。

實際上，各位在生活中積極努力時一定也曾遭受挫折，那時應該

會有些質疑，「對挫折不在乎的想法」是不是真的沒有問題呢？

「總之往前走、向前看就對了，即使摔倒、失敗了也不在乎，反正人的實相就是光明，應隨時保持開朗。」這種單純的想法，真能行得通嗎？探究人心後，光是得到此結果就可以了嗎？好像只念《南無妙法蓮華經》一樣，大家都按同樣的思考形式去做，真的就沒問題了嗎？未必如此吧！

每個人的心都是有深奧之處的，所以就需要有與其相吻合的深奧思想。

2 身處世間時的常勝思考之力量

每個人終究都會有其個人的常勝思考的模式，可是，我強烈地感覺到，必須要為這思考方法指出方向、指點邏輯。

「常勝思考」的出發點在於：「並非所有的人都過著美好的人生。」每個人不可能總是美好，人生不可能總是順利。人生有時向左、有時向右，時而挫折、時而奮起。在這樣的人生中，人們總是希望能夠朝著美好的幸福方向前進。在這樣的前提下，到底要如何做才能讓人生更為理想，我想需要對此做更深入的思考。

常勝思考，是在人們現居住的三次元世界，也就是說，在這呼吸、吃飯、生活的空間內，能夠發揮最大力量的思考方法。

當然，也有其他遠離三次元的實在界理論。譬如，在實現自己的法則中，有稱為意念的法則。如果在實在界，意念的法則就發揮出接近百分之百的力量，然而在這三次元世界，每個人發揮的程度會有所差異。或者還有光的一元式思想，越接近高次元就越能如實的表現，但三次元物質世界就不一定是那樣了。

為了解決這個貫穿實在界和現象界，在理論上尚未釐清的問題，我想必須要這現象界建立起理論，提出這個「常勝思考」的方法，以解決問題。

3 把苦難轉變為靈魂的力量

首先我要闡明，常勝思考的原點在於，如何去看待苦難，如何將苦難轉變為人生食糧。

人們在人生中會有挫折、失敗和苦難等等。但是，把它認為是偉大人生的修行目的時，想想看，光是逃避過去就行了嗎？人是否是為了逃避這樣的苦難、困難，才誕生到這世間的呢？我們必須要回答這個問題。

實際上，答案是否定的。人要隔幾百年，或者幾千年才有一次機

會能夠在人世間持有肉體。要想，今世在人間，有這樣的環境和周圍有這樣的人，是因為自己曾有意願重新進行靈魂修行。在這靈魂的修行中，絕不會總是順利的。人都是在明白這理所當然的前提後，才誕生於人世間。

出生於世間的前提絕不是萬事如意。人們不是在經歷了各種迂迴曲折之後，人格才能得到提高，才能累積經驗，才會發出內在光芒的嗎？如此，將焦點放在這偉大的人生目的時，便能夠發現人世間苦難、困難的實相，這就是常勝思考的立足點。

當我們以人類是有著永恆的生命，不斷地在轉生輪迴為前提來思考時，就可以從不同的觀點來看待現象界的事物以及經驗，並且這個經驗也會轉變為自己的食糧。

運用所有的智慧、技術和發想，如何處理眼前的困難，如何將這過程中所得到的東西轉變為靈魂的力量，這才是勝負的關鍵。

因此，絕不是要各位否定現實，遠遠逃避而去。而是如同我提出的「人生是一本問題集」的理念，這些問題必須要透過各自的努力去解答。

人生雖有很多思考方法，但是希望各位學習這常勝思考後，能夠依此做為解決問題的前提。在解答了自己的問題集後，或者在解答的同時，還要考慮怎樣去引導他人。或者，不只是限於引導他人，還能更積極地去做偉大的事業。常勝思考即是這樣的精神。

4 征服人生時光的理論

那麼，要想以常勝思考來得到真正的力量，最重要的是什麼呢？一語道破，即是要有「不屈不撓的精神」。

幸福科學成立以來，我曾接觸過持各種想法的人。有些人的人生映照著光明，有些則是充滿灰暗，有些則是載浮載沉，每個人都有屬於自己的人生劇。但自從以接觸了幸福科學為機緣，許多人的人生因此有了變化。

人生有種種浮沉，有光明有黑暗，有如意有不幸等等。此時如對

人的行為試做分類的話，我認為可以明確地分為兩類。

其一，是在順風之時很有活力，可是一旦轉為逆風，便一蹶不振、停滯不前，或者翻船沉沒的人。世界上有相當多這類的人。

其二，就是與此相反的人。就像我在前面講過的，他們有著「不屈不撓」的精神，而且有著堅強、純粹、持續的意念。人的意念有時會在一時興起，然而這個意念的真實性，也會在時間的流逝中得到驗證。

所以，在某種意義上，常勝思考是征服人生時光的理論。要戰勝人生，就需要掌握這個理論。

各位應該試著回顧半年前的自己是怎樣的人，一年前或兩年前、三年前又是如何？然後，站在當時的立場上，看看現在的自己，是否

確實有了進步？或者反而倒退了？路走得正不正？在人生路上必須經常做這樣的分析。

回顧自己走的路，在小型戰役上或許有過失敗，但是，終究會留下一條強勁有力的路，而在決定性的戰役上不斷地取得勝利。

從另一層意義上講，常勝思考就像樹木生長。在生長的過程中，會遇到強風而落葉、乾枯、欠肥料、根不實等等各種苦難和困難。

儘管如此，仍穩健地向著天空生長，這樣的努力正是常勝思考所要求的。

5 竹子逐節生長的能量

如果要舉其他例子的話，很自然就會想到了一種植物——竹子。觀察竹子，會有優雅之感。或偶爾聯想起竹子時，也會想起那有如優美設計般的竹節，下粗而上細之姿。可是，竹子是做了何種努力才長出竹節的呢？

竹節之間有二、三十公分左右的間隔，每根竹子的節都是那樣地結實。竹子從堅實的根部向上生長，逐漸變得細嫩，風吹而竹搖。在時光的流逝中，那細小柔軟之處都會長成健壯的竹節。

竹子在長成健壯粗大的竹節後，會繼續向上堅實地生長。我認為，竹子之所以能長到十公尺、二十公尺高，在這竹節上可以找到其獨特的理由。無論是颳多大的風，竹子都不會輕易地被折斷，柔軟而有韌性，無論遇到什麼困難，我們都能看到其堅實的生長痕跡。在每新長出一竹節時，竹子是否有感受呢？我想它會感受到自己的確是在成長的充實感。

人生的結構也近似竹子的構造。竹子直徑最粗也只有二、三十公分左右，再想粗下去是不可能的了。一開始竹苗冒出頭後會漸漸地生長，這時，切不能失去柔軟性和堅強性。而人生也是如此，應該使兩者互相協調。

也就是說，在人生的過程中，「常勝思考」是在自己無論順利或

者不順利時，都能成長茁壯又不失柔軟的思考方法。

人生實在是很像竹子的生長過程，不可以只往單一個方向彎曲，或者僵硬而彎曲不得。

拿柿子樹來比較的話，則是不搖不晃，不易彎曲，卻很容易折斷。而柳樹枝雖不易折斷，但看上去好像很脆弱。竹子則不然，柔韌中有真正堅實不易折斷的一面。

我認為這可不就是人類應有的姿態嗎？因為，各位所處的三次元世界，會有下雨、颱風、下雪和乾旱等，絕不是溫室般的世界。

從竹子的比喻來看人的命運，能感到一定程度的週期。這週期的長短不十分明確，或是幾年，或是幾個月。的確在相隔幾年後，會出現運氣順利或者不如意的週期，可是我認為在這樣的逆境期孕育著吉

祥之兆。

在面臨人生的轉換期時，會有環境的不協調、人際的不協調等問題，這時候精神上會感覺到痛苦。但也不能說沒有這樣的轉換期就是好事，通常痛苦的時期，同時也是開始出現吉祥好事的時期。不要害怕逆境，因為這個命運的逆境期，才是靈魂最能夠獲得食糧，最能夠獲得教訓的時期。

這時期可以比喻是竹子長出竹節的時候。之前已順利地成長了二十、三十公分，而今是該長竹節的時候了，此時會使人感到苦痛。如果只是一味地順利，固然是很理想，一鼓作氣長出十公尺、二十公尺，固然是很痛快，但本質卻是脆弱的。所以每隔二、三十公分就必須要長節，在生節時通常有抵抗感，及成長停滯感。生長的猛勢停滯

下來，致使好像出現了某種障礙。

自己想逕直地生長下去，但卻必須長節，在這時候會感到很痛苦，不明緣由的會有一種似乎到達頂點的感覺。竹子的能量在此時獲得累積，其間竹節應勢而生。竹節一個一個結成，高度日益增加。那時長成竹節的痛苦，實際上正是竹子無限生長的基礎。

因此，不妨可以如此考慮，在人生的過程中，命運或者說運勢會有一定程度的週期，這順境或逆境之時，正是竹子生節的時候。竹節生成之後，方能進入下一個週期。

請回憶過去，學到最多東西的是什麼時候呢？也許在五年、十年間或更長時間裡，各位曾被他人之語傷害，或者曾有經營失敗、破產、患病等等痛苦，但是，這些時期是不是成為了各位記憶中最為深

刻的體驗呢？

因此，希望各位屆時能有著竹子生節的堅強心情，繼而走向下一個成長的旅程。

6 在嚴峻的環境中刻劃出年輪

以前，在我的老家，有一個用磚塊圍起來燒垃圾的地方，這是為了在燒垃圾時防止火花飛濺。而旁邊有一棵樹，我常擔心樹會因為燒垃圾的火熱而枯萎，可是，它不但沒有枯萎，反而更健壯地成長，相反的，其他的樹卻乾枯了。

對於樹來說，生長在垃圾焚化場附近，應該說環境相當嚴峻。可是，它卻刻下了生長的年輪，枝繁粗壯，充滿生命力。而有些在最好環境下生長的樹木，反而輕易地被颱風等吹倒。

如用此例來比喻人生，身體健康、家庭富裕、生活愉快而順利的人，經不起任何考驗，一遇颱風便會倒下去。相反的，在極為惡劣的環境下成長而培養出實力的人，會有著不氣餒的毅力和頑強的性格，在任何地方都可以平安地度過艱難。因此，我認為要衝出人生的困境，積累年輪，才能成為偉人。

任何偉人傳記中，都有其經歷苦難的內容。我認為，這在說明沒有經歷過嚴峻的環境，是不可能積累人生經驗的，這也是人生中極為重要的部分。

在此為大家所講的各種人生，是我在艱苦時期所認識到的，不知不覺中轉變為自身的力量，繼而能夠成為各位的學習材料。

當自己的肉體或靈魂受到風吹、日曬、雨雪等外界刺激的時候，

靈魂的內部會形成一種免疫力，會逐漸知道如何面對下一個挑戰。

有了這祕訣，便可以與日後的新知識，或者是他人的經驗相對照，致使能夠產生出各式各樣的思考方法。這獨特的祕訣會成為良好的教訓，進而轉化成偉大的靈魂之能源。

7 長跑者的發想

我一直以不屈不撓這個話題為中心。

看待事物，可分成短期性和長期性的兩種思考方法。我認為那種只看未來，不管眼前事的想法是絕對不恰當的。

那種認為反正冬天的糧食已經儲蓄好了，現在怎樣都行的人是不聰明的。在夏天當然要過好夏天的生活，但不能因為已安排好過冬的煤和柴，就可以安心怠慢。

人所遭受的挫折，多數是短暫的。人們無比辛酸、無比痛苦和不

幸的時候，畢竟是短期的。在短短一、兩年間，如果未能如意的話，這時請務必要調整自己的想法。

在短期內如果未能取得勝利，代表著什麼呢？這或許是說你沒有短跑的素質，在一百公尺的賽跑中，不可能獲得冠軍。但是，這並不代表你不能成為優秀的跑者。

徑賽有四百公尺、八百公尺、一千五百公尺，甚至是四十二點一九五公里的馬拉松。自己短跑不行的話，如果去長跑又會怎麼樣呢？要時常抱持著這種想法。

我本人跑步不算快，可是，高中時期曾參加過一次校內馬拉松比賽，獲得不錯的成績。透過這馬拉松的體驗，使我明白體力分配的重要性。

那時，我先選了一組實力大抵相當的集團一起跑，可是跑著跑著就覺得身體情況尚好，身體逐漸發熱，覺得也許還能跑得再快一些，於是便從中途加快速度，不知為什麼覺得自己的雙腿似乎變長，最後甚至超越了短跑比我跑得快很多的人。

善於短跑而肌肉發達的人如沒分配好體力的話，跑得太快容易在中途疲乏，喘不過氣想要休息，這時，我就從後頭追趕上來，對方想再次甩掉我而拚命地跑，可是，不知何時他又落到了後面。

做好恰當的體力分配，客觀地分析自己，從整體上看應該在哪部分努力才能達到整體的好結果。我認為各位可以在這方面多下功夫。

8 累積的效果

各位在佛法真理學習方面應該曾碰過令人頭痛的事吧。譬如沒有時間看書，結果考試的成績不理想等。我認為，人與人確實是有能力的差別，例如要求人們在一年之內學好什麼，可是一定有人學得比較快，有人比較慢。

但是，學習的目的不在於一年內就要覺悟過來，也不是一年後就要離開人世。而是在世間到底能夠獲得多少靈魂的食糧，能夠提高多少人格返回到實在界去。

常有人會因為短時期的焦躁而招致失敗，可是，我認為如果能將眼光放遠，便會發覺各式各樣的思考方法。

我認為判斷事物的成功率或者是能力的好壞，光是用一年的時間去衡量絕對是不準的，即使用三年、四年也一樣。如果真是這樣，就應該將距離拉長，他人學習一、兩年就厭煩之事，不要厭棄，試著放長線去考慮。

就像之前舉的長跑例子一樣，一步一步累積之後，就會得到最後的勝利。我想這勝利的理由在於累積的效果，也可以說是積蓄的效果。

原本是個平庸之人，自認很遲鈍、緩慢，可是在持續努力的過程中，會出現這累積或積蓄的效果。這個累積一定程度的「修行」，讓

那時遲鈍的自己，逐漸變得能夠很快地得出結果，這實為有趣。

酵母菌和米攪拌在一起，放置久了後會變成酒。同樣地，自我儲蓄就像放進瓶子，封上蓋子，到了某個時期就發酵似的，會在意想不到的地方開始積蓄成力量。我想，人要得到這樣的發酵效果，就需要有一定的歷練。

還有一些食物在放置幾年後才顯得出其價值。譬如說葡萄酒重視年份，清酒也是如此。乾製柴魚也是要放一段時間，吃柴魚可能還是生的好吃，做成乾柴魚的話，剛風乾的時候還不太好吃，要放置到有些發霉才有味道。

人也是這樣，在一定的時期蟄伏，醒來就會有一種舊貌新顏之感。

譬如，在大學當中有兩種人。一種像我這樣的人，如果不從書的前言讀到後記，一滴不漏地學習的話，總放心不下。另外有一種人，只做重點學習，專注於有可能會出現在考題的部分。這樣只針對重要的地方下功夫，其他地方則忽略而過的人，從短期來看，還是有較快的效果。

而前者則是反覆一次、兩次、三次逐漸增加密度，當然效果會較慢。可是，數年之後會不知不覺得出驚人的成果，這是因為這類人能夠深思熟慮。

專注於自我實現，但在途中遇到了挫折後，就自認為自己不夠聰明、吸收能力不好，或者沒有能力等。這類的人如果半途而廢，也就不會有何大發展了。

此時千萬不要認輸，就像潛水於水面之下，一定的時間後就有從水面出頭之日。等待這一天的到來，需要的是精神上的力量。需要時常提醒自己，自己現在不光是潛在水面下，等到浮出水面後一定會有相當的進步。

教育也是一樣。讀者當中一定有當家長的人吧。從短期來看，在小學四年級、五年級或國中一年級、二年級時，一定會有表現出色或不出色的孩子。但是此時請各位要注意到一點，能抓住重點學習的孩子，或者是會做預習的孩子，甚至下一學期的內容在本學期就預習的孩子，一般來說這類孩子會有較好的成績。但我要強調，即便如此也未必就能夠獲得人生的勝利。

人對於沒有學習過的東西會略知一二。所以，當小孩子能夠馬上

回答老師的問題時，猛一看好像是很聰明，但是，這就像是使用信用卡買東西一樣，手中沒有現金也可以買到各種東西。這種借錢式的思考，理想能在短期內獲得實現。

讀書只讀重點，如果考題都出現這些重點，就可得好成績。類似這類的思考方式，或許能在某時能得到一定的成功經驗。但實際上，我想要問，這就是真正的人生實力？

這類人如果在工作上遇到好夥伴，或者是有很好的外在環境時，會很容易成功。但是在多變的環境下與不同的人互相配合時，便會常常遭遇失敗。

也有另一種人，不管是任何環境下，與什麼樣的人相配合，都能夠展現一定的實力，這就是之前所講的累積的效果。

對整個人生來說，的確需要「無用之用」的部分。讀書讀很多，絕大部分都不會出現於考題。但是，即便是如此也能認真去學習掌握的人，會在任何地方都能拿出一定的實力。這類人的實力是較扎實的，終究能成大器。

總而言之，不要目光短淺，只擷取要點。或許有人認為擷取要點，就能夠得到效果，但是如果將眼光放遠，就會明白道理並非如此。

9 常保競爭力

做買賣也是一樣，要在短期內賺到錢是有可能的。買賣的人最明白，在短時間內進一些別人所沒有的貨，或者進所謂新產品，或者以送贈品等促銷手法，很容易就可以賺到錢。

不過，這只是一時的運氣。可是，時間久了便會日落西山。接下來一定會出現競爭對手，會出現仿效者，彼此競爭，而每下愈況，好景不長。

譬如，每個城市的市中心都建有許多飯店。當某一家飯店的住房

率超過了百分之八十，同行必會想要分一杯羹，因為這表示在此還有市場。於是好景不常，好夢會被突然新建起來的飯店給打破。

然而，如果住房率達不到百分之七十的話，在下一季就會虧本，超過百分之八十就會出現新的競爭對手。生意就在這百分之七、八十之間定勝負。

在立地良好且沒有競爭對手的地方蓋飯店，雖然一時間會有盈餘，但得意沒過多久，競爭對手就於眼前出現，於是這新興生意變漸漸走下坡。

這種想以新鮮感取勝的生意，終究是會衰退的。有著他人所不具備的眼光，向新興行業挑戰固然重要，但是，在成功的階段中，這種常勝思考必須銘記在心。

飯店業最重要的，就是要讓房客的回住率增加。拿出最好的服務、舒適的環境，務必要使住過一次的房客，下次還想再投宿於此。如果認為這周遭就只有自己一家飯店，遊客到此非住不可，客人終會漸漸遠去。經營飯店，重要的還是要拿出良好的服務。

在一家獨大時，不管有沒有良好的品質，住房率都會達百分之八、九十。一旦出現競爭對手後，自身的真正實力就會顯現出來。如果出現了服務品質較好的飯店時，漸漸的就會虧本，最後導致破產關門。

世上的確是有那種具備天時、地利、人和之事，自己有時也能夠遇到這樣的機會。不可以完全去依賴這機會，可以去接受幸運，但是在幸運到來時，還必須同時預備好下一著棋。

所以，無論環境好壞，或景氣好壞，根本之道是要維持一定的打擊率，必須有著能讓經營的成功率維持在七成以上的實力，這種思考方法至為重要。

10 順境中要傳播愛的種籽

前面闡述了許多如何面對逆境的例子。

但是，人在順境時持有何種想法也很重要。所謂順境是指一如預期地發展成功，此時或許有人會想：「什麼常勝思考？此時不需要。」當所有事情皆隨心所欲時，還會有什麼問題呢？

此時必須要認識到，這正是易於落入陷阱之時。

在逆境中，能讓人深入觀察自己，能夠長時間地對己心思考，這是一段內省期，身處逆境時必須鍛鍊自己。可是，在順境中又該怎

麼做呢？在順境中更應該去實踐施愛，不能只想到利己，正因為在順境，才更應該以靈性的眼光去投資，為求得真理投資。總而言之，必須對他人施愛。

這絕不是說要去計算得失。在順境中播下的愛的種籽，會使人們在逆境中得到應有的效應，而在自身處於逆境時，人們也會伸出援救之手。

雖然這想法單純，但是，這才是真正使你常勝的理論。

往往人們在處於逆境時，會去奢望逆境中所沒有的東西，悲嘆自己的不幸，想依賴他人之力。而在順境之時，就反過來變得傲慢凌人，認為都是靠自己的力量成功，萌發出傲慢之芽，於是他人便遠離而去。順利的時候還好，但是，風向一旦逆轉，便會一敗塗地，無人

前來救援。

得意之時，形成乾涸的自愛，認為接受他人的愛是理所當然的，出人頭地也是當然的。這種認為理所當然的人，即使實際上已經處於失敗的邊緣，別人也不會願意說出自己的意見。這就彷彿變成了舞台燈光下的小丑，在燈光下獨舞。當發現到場下空無一人時，嚴峻的現實就會出現在眼前。這時候才去思考到底怎麼了，到底錯在什麼地方？為時已晚。

另一方面，在順境中不忘記對他人的關心、不斷地播撒愛的種籽之人，當自己陷於困難的局面時，一定會出現前來援救之人，這是毫無疑問的。

這是因為對他人關心、有愛心、給他人希望，這種行為還會產生

「德」，這所謂的「德」即可以在危機時呼喚援救之人。

傲慢無比的人，需要格外的注意。手腳伶俐之人，獲得了成功便立即喜悅的人，也要格外注意。

11 更上一層樓

另外，我想再闡述，有些人會在接近成功時反而失敗的狀況。就像攻頂富士山，在距離山頂不遠處的八合目，卻掉下山而前功盡棄；自己能夠在一定程度上取得進展，卻在最關鍵的時刻錯失了勝機。各位可以想一想，自己是不是曾有過這種經驗呢？有不少人，在差一步路就要成功時卻翻身落馬。不度過這樣的難關，就不可能取得勝利的，也就不會常勝。

希望這樣的人能好好回想一下，自己的內心是否害怕成功，想要

成功卻對成功膽怯？因為膽怯，而在即將成功之際播下失敗之種，擔心自己無法匹配這百分之百的成功。

本來還差一步路，或者是再多下點功夫就能成功的事，卻臨陣脫逃。這其實是起因於意念的力量。

譬如女性，希望先生能升官、收入增多，而先生在被任命為要職之際，這位夫人必會做出有損其先生名譽之事，或者在公司中有流言蜚語。這是為什麼呢？

雖希望自己的先生能擔當要職，但內心深處同時又害怕自己與這重要職位的夫人是否相稱，擔心會不會由於不相稱而痛苦，於是，便下意識地去做阻撓之事，這種事情屢見不鮮。

這實際上意味著，這些人不曾經歷過成功的感覺。這種在過去沒

有成功經驗的人，在大成功來到之時就會覺得恐懼，便欲逃脫，擔心失敗。

此時必須要這樣想，眼前的目標，不是最高的山峰，只是與下一座更大的山峰相連的山丘，或者只是休息的地方，只是山嶺上的一間茶房。

在即將到達眼前的目的地時，務必要養成思考下一步的習慣，在更高階段樹立起目標，提醒自己前面還有一座山峰，養成這樣的習慣是很重要的。

有這樣思考的人是絕不會失敗的，即使會遇到短期的挫折，也絕不會有長期的失敗。

譬如，一考完試，便歡呼：「終於結束了，萬歲！」這種被解放

感所驅使的人經常會失敗。考試的結果也許很好、也許不好，但要調整心情，同時開始準備好下一步棋。考完試便隨即開始學習的人，是不會輕易地垮下去的。而另一種一結束就什麼都不想的人，可以想像此人的人生必定起伏很大。

希望各位要隨時樹立起新目標，孜孜不倦地努力下去。

12 以柔克剛

除此之外，常勝思考實際上與柔道的「柔」有近似的地方，柔道絕不是憑藉自己的腕力和蠻力去降伏對手。

如同前面例舉過的竹子，雖然有各種艱難困苦，但應該反過來利用其力，從中得出有益的東西，這就是常勝思考。即使自己無能為力，也可以利用其外部的力量，獲得更好的結果。

柔道也是一樣，利用對方的力量，以技取力，不能只是默默地承受各種艱難困苦，還必須要一邊利用對方的力量，一邊反擊。在現實

生活中，應該時常思考還有什麼反擊的招數，時時準備好面臨下一次挑戰。

現在正面臨什麼問題？這問題應該如何對付？經常如此觀察思考，必能成熟起來，向良性方面發展。

13 讓人生走向勝利

《幸福的原點》（幸福科學出版發行）等書都有寫到關於滾雪球式人生觀的思考方法。

有了好的結果，當然會變成力量。若有不好的結局，即當做反省的材料，為更大的發展播下成功之種，同時從中記取教訓。以這種態度來面對生活，無論碰到任何事情，這雪球只會越滾越大，會感到人生其樂無窮而保持常勝。

以上我是從與光明思想不同的觀點做闡述，而得出相同的結論。

光明思想是指本來沒有煩惱、沒有惡，吸取各種經驗，從中提取精華。如此下定義時，每天只有勝利沒有失敗。常勝思考的結果與這光明思想的結論完全相同。

但我想要說明的是，這種一躍而進的光明思想，會讓人感覺到出現虛胖的情形。肉雞雖然感覺肉很多，但那體型會讓人感覺是吃飼料撐起來的。

然而，掌握了常勝思考的身體，是強壯、肌肉型的身體，與那種小型肉雞因運動不足而吃飼料撐起來的情況不同。兩者在外觀上近似，但吃起來味道卻不同，這是理所當然的。重要的是經常要做各式各樣的訓練，使自己的靈魂變得日益強壯。

具備了常勝思考的習慣後，自身不動心的部分就會逐漸茁壯，變

得能夠經得住強風暴雨，就像阿米巴原蟲吃掉細菌一般。常勝思考有如白血球，對迎面而來的困難張開口像吃細菌那樣，使之成為營養。有此習慣之後，任何艱難困苦都不足以畏懼，來什麼就吸收什麼，使身體強健。這種想法是很具力量的，可以說這就是不動心。

無論發生任何事情都會穩固如山，總之，對萬事持感謝之心，眼前的結果並非僅靠一己之力所能辦到的，其中尚有佛神之力、他人之力，要謹慎謙虛。要有稻穗越是豐滿就越是低下頭來，這樣的心境。苦難越多，要將之視為上好的肥料，使自己茁壯成長。

掌握這種思考方法，就不會怕逆境。當進入了逆境反而是蓄積的時期，是獲取教訓的時期，靜靜等待，終究會形成更大的光明之力。

逆境到來時，譬如說對自己不利之事、被降級、被減薪、公司破

產等，此時心靈會轉為內向，要將這內向做最大限度的發揮。這時期要調整為瞑想型和反省型的人生觀，此時要對心靈進行鍛鍊。

當轉變為順境時，就積極地向取得實際成果的方向努力。

總而言之，就是使用佛陀的反省型思考和海爾梅斯的發展型思考。逆境時使用佛陀的思考方法，而順境時使用海爾梅斯的思考方法，兩者都包含在我所創立的「幸福的科學」的理論之中，如能做到運用自如，便能毫無疑問地永保成功。

目標應該要越來越遠大，如果每年都是一樣的目標是不行的，一加一減等於零的反省是不行的。

自己必須將迎面而來風轉化為力量，只是順風逐浪是不行的。必須將遇到的各種事情均轉變為力量，使之成為自己前進的能量。

如此一來，和過去一年、兩年、三年相比較，必定能看出穩固的進步和確實的成長。

能夠保持像竹子成長之勢，也就是人生不斷勝利之時。

最後，以反省和發展並取得常勝做為本書的結尾。

後記

本書改編自一九八年六月到七月連續四次向幸福科學會員舉辦的研討會之講座內容。

我打算從各式各樣的角度，透過具體的例子來呈現一種勝利人生的方法。這也是一本含括有多元性的書，如成功論、人生論、幸福論和覺悟的方法論。

深入地閱讀本書會發現，從反省到發展的橋樑理論的核心，實際上是對人生的深刻地洞察，以及從經驗中獲得的智慧。

我相信這本書是一本揭示幸福科學真髓的書，是每個想要贏得人生之人的必讀之書。

一九八九年　九月

幸福科學集團創立者兼總裁　大川隆法

HAPPY SCIENCE

幸福科學集團介紹

幸福科學透過宗教、教育、政治、出版等活動，以實現地球烏托邦為目標。

幸福科學

一九八六年立宗。信仰的對象為地球靈團至高神「愛爾康大靈」。幸福科學信徒廣布於全世界一百多個國家，為實現「拯救全人類」之尊貴使命，實踐著「愛」、「覺悟」、「建設烏托邦」之教義，奮力傳道。

愛

幸福科學所稱之「愛」是指「施愛」。這與佛教的慈悲、佈施的精神相同。信眾透過傳遞佛法真理，為了讓更多的人們能度過幸福人生，努力推動著各種傳道活動。

覺悟

所謂「覺悟」，即是知道自己是佛子。藉由學習佛法真理、精神統一、磨練己心，在獲得智慧解決煩惱的同時，以達到天使、菩薩的境界為目標，齊備能拯救更多人們的力量。

建設烏托邦

我們人類帶著於世間建設理想世界之尊貴使命，而轉生於世間。為了止惡揚善，信眾積極參與著各種弘法活動。

入會介紹

在幸福科學當中，以大川隆法總裁所述說之佛法真理為基礎，學習並實踐著「如何才能變得幸福、如何才能讓他人幸福」。

入會

想試著學習佛法真理的朋友

若是相信並想要學習大川隆法總裁的教義之人，皆可成為幸福科學的會員。入會者可領受《入會版「正心法語」》。

三皈依誓願

想要加深信仰的朋友

想要做為佛弟子加深信仰之人，可在幸福科學各地支部接受皈依佛、法、僧三寶之「三皈依誓願儀式」。三皈依誓願者可領受《佛説・正心法語》、《祈願文①》、《祈願文②》、《向愛爾康大靈的祈禱》。

幸福科學於各地支部、據點每週皆舉行各種法話學習會、佛法真理講座、經典讀書會等活動，歡迎各地朋友前來參加，亦歡迎前來心靈諮詢。

台北支部精舍
台北市松山區敦化北路 155 巷 89 號

幸福科學台灣代表處
台北市松山區敦化北路 155 巷 89 號
02-2719-9377
taiwan@happy-science.org
FB：幸福科學台灣

幸福科學馬來西亞代表處
No 22A, Block 2, Jalil Link Jalan Jalil Jaya 2, Bukit Jalil 57000, Kuala Lumpur, Malaysia
+60-3-8998-7877
malaysia@happy-science.org
FB：Happy Science Malaysia

幸福科學新加坡代表處
477 Sims Avenue, #01-01, Singapore 387549
+65-6837-0777
singapore@happy-science.org
FB：Happy Science Singapore

常勝思考　不敗北的人生

常勝思考　人生に敗北などないのだ

作　　者／大川隆法
翻　　譯／幸福科學經典翻譯小組
封面設計／Lee
內文設計／顏麟驊

出版發行／台灣幸福科學出版有限公司
104-029 台北市中山區中山北路三段 49 號 7 樓之 4
電話／ 02-2586-3390　傳真／ 02-2595-4250
信箱／ info@irhpress.tw
法律顧問／第一法律事務所　余淑杏律師

總 經 銷／旭昇圖書有限公司
235-026 新北市中和區中山路二段 352 號 2 樓
電話／ 02-2245-1480　傳真／ 02-2245-1479

幸福科學華語圈各國聯絡處／
台　　灣　taiwan@happy-science.org
地址：台北市松山區敦化北路 155 巷 89 號（台灣代表處）
電話：02-2719-9377
官網：http://www.happysciencetw.org/zh-han
香　　港　hongkong@happy-science.org
新 加 坡　singapore@happy-science.org
馬來西亞　malaysia@happy-science.org
泰　　國　bangkok@happy-science.org
澳大利亞　sydney@happy-science.org

書　　號／978-986-06528-9-5
初　　版／2021 年 11 月
定　　價／380 元

國家圖書館出版品預行編目（CIP）資料

常勝思考：不敗北的人生／大川隆法作；幸福科學經典翻譯小組翻譯. -- 初版. -- 臺北市：台灣幸福科學出版有限公司，2021.11
240 面；14.8×21 公分
譯自：常勝思考　人生に敗北などないのだ
ISBN 978-986-06528-9-5（平裝）

1. 成功法　2. 思考　3. 生活指導

177.2　　110018226

廣告回信
台北郵局登記證
台北廣字第5433號
平信

IRH Press Taiwan Co., Ltd.
台灣幸福科學出版有限公司

104-029 台北市中山區中山北路三段49號7樓之4
台灣幸福科學出版　編輯部　收

請沿此線撕下對折後寄回或傳真，謝謝您寶貴的意見！

常勝思考

大川隆法
Ryuho Okawa

台灣幸福科學出版有限公司

常勝思考
讀者專用回函

非常感謝您購買《常勝思考》一書，
敬請回答下列問題，我們將不定期舉辦抽獎，
中獎者將致贈本公司出版的書籍刊物等禮物！

讀者個人資料　　**※本個資僅供公司內部讀者資料建檔使用，敬請放心。**

1. 姓名：　　　　性別：□男　□女
2. 出生年月日：西元　　　年　　　月　　　日
3. 聯絡電話：
4. 電子信箱：
5. 通訊地址：□□□-□□
6. 學歷：□國小 □國中 □高中／職 □五專 □二／四技 □大學 □研究所 □其他
7. 職業：□學生 □軍 □公 □教 □工 □商 □自由業□資訊 □服務 □傳播 □出版 □金融 □其他
8. 您所購書的地點及店名：
9. 是否願意收到新書資訊：□願意　□不願意

購書資訊：

1. 您從何處得知本書的訊息：（可複選）□網路書店　□逛書局時看到新書　□雜誌介紹
   □廣告宣傳　□親友推薦　□幸福科學的其他出版品　□其他
2. 購買本書的原因：（可複選）□喜歡本書的主題　□喜歡封面及簡介　□廣告宣傳
   □親友推薦　□是作者的忠實讀者　□其他
3. 本書售價：□很貴　□合理　□便宜　□其他
4. 本書內容：□豐富　□普通　□還需加強　□其他
5. 對本書的建議及觀後感
6. 您對本公司的期望、建議…等等，都請寫下來。

IRH Press Taiwan Co., Ltd.
台灣幸福科學出版有限公司